DAS VEGANE KOCH BUCH

Herausgegeben von

SANDRA FORSTER

IRISIANA

LIEBE LESERINNEN UND LESER,

vegane Küche ist alles andere als langweilig, einseitig und kompliziert. Vielmehr steht sie für Vielfalt und vor allem Genuss. Das war der Grund, warum ich im Jahr 2005 das erste vegane Restaurant Deutschlands eröffnet habe und dazu 2009 das erste vegane Kochbuch herausgegeben habe. Nicht, weil es mir ein Anliegen war zu verkünden, dass man als Veganer gesünder, schlanker, schöner wird und fortan gute Karten für eine Seligsprechung hat. Sondern weil ich zeigen wollte, wie gut veganes Essen schmecken kann. Punkt. Und das ist der Grund, warum das Buch nun neu erscheint.

Die meisten Rezepte in diesem Buch stammen aus der Zeit meines ersten veganen Restaurants. Ergänzt werden sie durch vegane Rezepte, die es auf die Speisekarten meiner beiden neueren Projekte geschafft haben: das Ausbildungsrestaurant »Roecklplatz« und das vietnamesische Restaurant »Charlie«. Und weil Bilder mehr sagen als tausend Worte, werden die Gerichte von Martin Fengel künstlerisch in Szene gesetzt.

Allerlei Hintergrundinformationen finden sich im zweiten Teil des Buches. Ab Seite 158 finden Sie Textbeiträge von Hilal Sezgin, Michi Kern und Sharon Gannon zu gesellschaftlichen, kulturgeschichtlichen und ökologischen Aspekten der veganen Ernährung. Und wer als Veganer je in Rechtfertigungsnöte geraten sollte, der lese das Vorwort von Dr. Dr. Rainer Erlinger ab Seite 10.

Ich wünsche Ihnen viel Freude beim Lesen und Genießen

Ihre Sandra Forster
November 2014

VEGAN LEBEN UND LEBEN LASSEN

SANDRA FORSTER

Vegan geworden bin ich mit meinem ersten veganen Restaurant: dem »Zerwirk«. Die Idee, in München das erste vegane Restaurant Deutschlands zu eröffnen, kam von meinem langjährigen Freund und Geschäftspartner Michi Kern. Ich war sofort überzeugt. Also begann ich mich in das Thema einzulesen und weil mir alles, was ich las, ziemlich logisch erschien, habe ich meine Ernährung sehr bald von vegetarisch auf vegan umgestellt.

Vegan zu leben ist zu meiner persönlichen Überzeugung geworden. Auch heute, wenn ich einen neuen Laden eröffne, achte ich immer darauf, dass es vegane Optionen auf der Karte gibt, die den Gerichten mit Fleisch in nichts nachstehen, und dass bei der Inneneinrichtung ausschließlich vegane Materialien verwendet werden. Aber ich würde heute kein rein veganes Restaurant mehr eröffnen und es als cooles, neues Konzept verkaufen, denn, ganz ehrlich: selbst mich nervt der Vegan-Hype. Das klingt zunächst vielleicht seltsam, denn natürlich ist es eine positive Entwicklung, dass die Leute weniger Fleisch und andere tierische Produkte essen. Die Frage ist für mich eher, wie sehr man sein Vegan-Sein vor sich hertragen muss. Mit der Einteilung »gute Veganer gegen böse Fleischesser« macht man sich in meinen Augen in erster Linie wichtig und ich finde: Das muss nicht sein.

Klar, auch ich will nicht dafür verantwortlich sein, dass Tiere schlecht behandelt und getötet werden. Natürlich mache ich mir Gedanken darüber, dass Massentierhaltungsbetriebe durch das viele Wasser, das dort verbraucht und kontaminiert wird, massiv zur Wasserknappheit auf unserem Planeten beitragen. Ich weiß, dass Fleischkonsum weitaus schädlicher für das Klima ist als der Verkehr. Mir ist bewusst, dass in Südamerika die Regenwälder abgeholzt werden, damit auf den gerodeten Flächen Soja angebaut werden kann, das zu über 90 Prozent an Tiere verfüttert wird, und dass dies die Welthungerproblematik verschärft. All diese Gründe haben auch mich vor Jahren überzeugt. All das ist aber meine Sache. Ich gehöre nicht zu der Sorte Veganer, die ständig auf Krawall gebürstet ist.

Meine Strategie ist: Den veganen Lebensstil mit einem Lächeln zu präsentieren, einen einfachen Zugang dazu zu schaffen und möglichst viele Informationen zu geben – am Ende muss aber jeder selber entscheiden, was er essen und wie er leben möchte.

Gemäß des Fleischatlas 2013, den die Heinrich-Böll-Stiftung gemeinsam mit dem Bund für Umwelt- und Naturschutz (BUND) herausgab, isst jeder Deutsche in seinem Leben durchschnittlich 945 Hühner, 46 Schweine, 46 Puten, 37 Enten, zwölf Gänse, vier Rinder und vier Schafe – insgesamt also 1094 Tiere.

Nach Jahren des Wachstums ist die Fleischproduktion in Deutschland 2012 erstmals wieder zurückgegangen. Wie das Statistische Bundesamt ermittelte, sank die Menge von 8,2 auf 8,0 Millionen Tonnen – ein Minus von 1,9 Prozent. Laut der unabhängigen Agrarmarkt-Informations-Gesellschaft (AMI) war auch der Fleischkonsum im vergangenen Jahr merklich rückläufig. Insgesamt ging der Absatz um 1,5 Prozent zurück, berichtete *Der Tagesspiegel* im Februar 2013.

Rückläufig war der Statistik zufolge vor allem die Produktion von Schweinefleisch. Insgesamt wurden knapp 5,5 Millionen Tonnen produziert, das waren 2,5 Prozent weniger als im Vorjahr. Beim Konsum zeigte sich die gleiche Tendenz: Auch hier verzichteten die Verbraucher in erster Linie auf Schweinefleisch, davon wurden bundesweit 2 Prozent weniger verzehrt. Der Wurstkonsum ging sogar um 2,8 Prozent zurück.

Dass dahinter tatsächlich ein Sinneswandel steckt, belegt eine Umfrage des Marktforschungsinstituts Emnid. Dieser zufolge wollen 51 Prozent der Deutschen ihren Fleischkonsum einschränken. Jedoch muss man bedenken, dass solche Statistiken bisweilen nur abfragen, was man »soziale Erwünschtheit« nennt. Will heißen: Es ist gut möglich, dass die Befragten in erster Linie eine Antwort geben, die sie in einem guten Licht erscheinen lässt. Ob sie den Tatsachen entspricht, lässt sich nicht nachprüfen.

Für einen Sinneswandel sprechen aber die Zahlen der Bio-Branche. Gegen den Trend hat hier der Absatz 2012 zugelegt. So kauften die deutschen Haushalte 18 Prozent mehr rotes Bio-Fleisch – also Rind, Schwein, Schaf und Ziege –, 11 Prozent mehr Bio-Geflügel und 8 Prozent mehr Bio-Wurst. In einer Infratest-Umfrage für das Bundesverbraucherministerium gaben 89 Prozent an, dass es ihnen »sehr wichtig« oder »wichtig« sei, dass Lebensmittel aus besonders tiergerechter Haltung stammen.

DAS ARGUMENT DER KATZEN

VON RAINER ERLINGER

»Weshalb sind Sie denn Veganer?« – »Wegen der Tiere!« – »Und warum essen Sie ihnen dann das Futter weg?« Ein lausiger Witz, aber sehr viel mehr fällt einem nicht gegen den Veganismus ein. Was soll man schon aus ethischer Sicht dagegen einwenden, wenn es jemand ablehnt, Tiere zu töten oder auszunutzen? Mehr Angriffsfläche bietet schon die Frage, ob es denn umgekehrt ethisch geboten ist, sich so zu verhalten.

Hinter dieser Unterscheidung steckt eine Grundfrage, welche die Diskussion zwischen Veganern und Nicht-Veganern beherrscht, die aber eigenartigerweise nie gestellt wird: Wer von beiden muss seine Einstellung begründen? Oder anders herum: Was ist der Ausgangspunkt? Ist es normal, dass der Mensch als Tier sich auch von anderen Tieren und deren Produkten ernährt? Wenn dem so ist, muss der seine Meinung belegen, der das für falsch hält. Er muss Argumente finden, warum der Mensch sich anders verhalten soll und warum er Tieren auch Rechte zugesteht.

Oder muss man damit anfangen, dass es stets falsch ist, andere Lebewesen zu töten, zu essen oder auszunutzen? Dann muss derjenige, der dennoch zum eigenen Vorteil Tieren ans Leder will, dafür gute Gründe nennen können. Er muss in der Lage sein, zu begründen, warum Tiere weniger wert sind als Menschen, und warum der Mensch zwar keine anderen Menschen, aber jederzeit nicht-menschliche Mitgeschöpfe unmenschlich behandeln darf.

Als wäre das noch nicht kompliziert genug, läuft paradoxerweise die Argumentation dem Gefühl zum Teil komplett zuwider: Derjenige, der sich den Tieren besonders nahe fühlt, sie nicht als etwas anderes, sondern eher als Gleiches empfindet, müsste eigentlich argumentieren, dass der Mensch sich dann auch wie seine Verwandten, die sonstigen Tiere, verhalten darf. Und im Tierreich ist Mitgefühl mit anderen Spezies nicht sehr verbreitet. Doch kaum jemand, der seine schnurrende Katze liebt, sich ihr nahe und verbunden fühlt, wird ihr in die Augen sehen und sagen: So wie du, liebe Mauzi, es liebst, jedes kleinere Tier vom Singvogel über die Maus bis zum Hamster zu fangen, mit ihm zu spielen und aufzufressen, weil es halt deine Natur ist, darf auch ich dich und deinesgleichen töten, braten und mir ein wärmendes Fell aus euch machen, wenn mir danach ist.

Erst die Prämisse, dass der Mensch eben etwas anderes ist als ein Tier, kann ihn verpflichten, sich auch anders zu verhalten. Der Mensch hat die Moral, er kann sich entscheiden zwischen Gut und Böse, und diese Fähigkeit verpflichtet. Eine Katze, die einen Singvogel langsam zu Tode bringt, handelt nicht böse, ein Mensch, der dasselbe tut, sehr wohl. Denn *Gut* und *Böse* sind menschliche Kategorien – keine tierischen.

Spätestens an dieser Stelle stellt sich die Frage nach dem moralischen Status der Tiere. Haben sie zwar keine Pflichten, aber Rechte? Darf man ihnen zugunsten von Menschen Opfer abverlangen? Wenn ja, welche? Und welchen Tieren? Der griechische Philosoph Aristoteles war noch davon überzeugt, dass die Natur »alle Tiere um des Menschen willen hervorbrachte«. Immanuel Kant sah Pflichten gegen Tiere nur als »indirekte Pflichten gegen die Menschheit«, und zu Tieren dürfe man nur deshalb nicht grausam sein, denn »der Mensch, der schon gegen Tiere solche Grausamkeiten ausübt, ist auch gegen Menschen ebenso abgehärtet«. Beide gestanden Tieren keine eigene moralische Position zu. Für Kant zählten nur Wesen mit Vernunft, die er bei Tieren nicht verortete.

Eine Wende vollzog 1789 der Begründer der Nützlichkeitsethik, der englische Philosoph Jeremy Bentham, mit seiner berühmten Wendung: »Die Frage ist nicht: ›Können sie denken?‹ Auch nicht: ›Können sie sprechen?‹ Sondern: ›Können sie leiden?‹« Bentham wollte Tiere als leidensfähige Wesen in die Ethik mit einbeziehen, weil »die Anzahl der Beine, die Behaarung der Haut oder das Enden des Os Sacrum alles ungenügende Gründe sind, um ein empfindliches Wesen« peinigen zu dürfen. Albert Schweitzer weitete dies aus auf alle Lebewesen mit der Feststellung: »Wahre Philosophie muss von der unmittelbarsten und umfassendsten Tatsache des Bewusstseins ausgehen: ›Ich bin Leben, das leben will, inmitten von Leben, das leben will.‹« Ein Satz, den man allerdings in seiner umfassenden Absolutheit nicht einmal einem veganen Kochbuch voranstellen dürfte, denn auch die Rote Rübe lebt, und das Dinkelkorn würde am allerliebsten austreiben.

In seinem berühmten Buch »Animal Rights« fragte der umstrittene australische Bioethiker Peter Singer, warum man Tiere überhaupt anders behandelt als Menschen, und prägte einen neuen Begriff: Speziesismus: »Rassisten verletzen das Prinzip der Gleichheit, indem sie bei einer Kollision ihrer eigenen Interessen mit denen einer anderen Rasse den Interessen von Mitgliedern ihrer eigenen Rasse größeres Gewicht beimessen ... Menschliche Speziesisten erkennen nicht an, dass der Schmerz, den Schweine oder Mäuse verspüren, ebenso schlimm ist wie der von Menschen verspürte.«

Zurück zum Ausgangspunkt: Offenbar kann man auch auf philosophischer Ebene darüber streiten, ob es moralisch geboten ist, vegan zu leben. Aber dagegen, dass es jemand ablehnt, Tiere zu töten oder auszunutzen, lassen sich tatsächlich kaum ethische Argumente finden. Allenfalls das der Katzen: dass Fleisch und Milch ihnen nun mal zu gut schmecken. Doch auch dem lässt sich etwas entgegensetzen.

Zum Beispiel dieses Kochbuch.

Rainer Erlinger lebt als Publizist und Autor in Berlin und schreibt unter anderem für das SZ-Magazin die Kolumne »Gewissensfrage«.

SUPPEN

ROTE-BETE-KOKOS-SUPPE

4 Portionen

1,2 kg	*Rote Beten*
2 EL	*Raps- oder Erdnussöl*
200 ml	*Gemüsebrühe*
1 l	*Kokosmilch*
3 EL	*Maisstärke*
3–4	*Pimentsamen*
1 EL	*Kreuzkümmel*
½ EL	*Chili, geschrotet*
3 EL	*Agavendicksaft oder Rohrzucker*
1 Zweig	*Rosmarin*
	Salz / Pfeffer

Rote Beten ungeschält in gesalzenem Wasser 35–45 Minuten kochen. Die Schale entfernen, die Roten Beten in Würfel schneiden. Rote-Bete-Würfel in Öl kurz anbraten, mit Brühe ablöschen und mit Kokosmilch aufgießen. Die Suppe unter ständigem Rühren zum Kochen bringen. Pürieren und mit der Maisstärke eindicken. Mit den Gewürzen abschmecken.

Tipp: Es empfiehlt sich, dabei Küchenhandschuhe zu tragen, da Rote Bete stark abfärbt.

SZECHUANSUPPE MIT EGERLINGEN

4 Portionen

1	*Blumenkohl*
600 g	*Karotten*
300 g	*Sellerie*
100 g	*vegane Margarine*
400 ml	*Gemüsebrühe*
1 Bund	*Lauchzwiebeln*
2 EL	*Tomatenmark*
1 Bund	*Salbei*
	Salz / gemahlener Pfeffer
2 TL	*Szechuanpfeffer*
300 g	*Egerlinge*

Den Blumenkohl zerteilen, zwei Drittel zur Seite stellen. Ein Drittel vom Blumenkohl in kleine Röschen zerteilen. Karotten und Sellerie schälen. Je ein Drittel in Würfel schneiden. Zusammen mit den kleinen Blumenkohlröschen in der Hälfte der Margarine anbraten und mit der Brühe ablöschen. Lauchzwiebeln in kleine Scheiben schneiden, dazugeben und mit Tomatenmark und 1 l Wasser aufgießen. Zum Schluss Salbei, Salz, Pfeffer und Szechuanpfeffer dazugeben. Pilze schneiden, in der restlichen Margarine anbraten. Die restlichen Karotten und den Sellerie in längliche Stifte schneiden und zusammen mit dem restlichen Blumenkohl 15 Minuten in der Suppe garen. Pilze erst kurz vor dem Servieren in die Suppe geben.

TOFUSUPPE

5 Portionen

350 g	*Karotten*
350 g	*Kohlrabi*
15 g	*Ingwer*
4 EL	*Rapsöl*
1 TL	*gelbe Currypaste*
1 l	*Reismilch*
1 EL	*Currypulver*
1 EL	*Koriander, gemahlen*
2 EL	*Sojasoße*
2 EL	*helle Misosuppenpaste*
50 ml	*Agavendicksaft*
400 g	*fester Tofu*
3 Bund	*Koriander*
100 g	*Sojasprossen*

Karotten und Kohlrabi schälen und in dünne Stifte schneiden. Ingwer schälen und in Würfel schneiden. Alles in 2 EL Rapsöl anbraten. Currypaste dazugeben und mit ½ l Reismilch aufgießen. Currypulver, Koriander, Sojasoße und Misosuppenpaste unterrühren und 5 Minuten leicht köcheln lassen. Mit Agavendicksaft abschmecken und mit der restlichen Reismilch aufgießen. Tofu würfeln und in 2 EL Rapsöl scharf anbraten. Koriandergrün fein hacken. Tofu, Koriandergrün und Sojasprossen in die Suppe geben.

GRÜNKERN-MINESTRONE MIT GEBRATENEN TOFUSTREIFEN

5 Portionen

250 g	*Grünkern*
100 g	*Pastinaken*
100 g	*Karotten*
2	*Auberginen*
½	*Blumenkohl*
100 g	*vegane Margarine*
15 g	*Tomatenmark*
200 ml	*Gemüsebrühe*
400 g	*Dosentomaten*
150 g	*Tiefkühlerbsen*
1 Bund	*Rosmarin*
1 Bund	*Oregano*
1 EL	*Chili, geschrotet*
200 g	*Räuchertofu*
200 g	*Cashewkerne*
	Fett zum Anbraten

Grünkern in Wasser ohne Salz kochen. Pastinaken und Karotten schälen, zusammen mit den Auberginen in Würfel schneiden, Blumenkohl zerpflücken. Pastinaken, Karotten und Blumenkohl in Margarine anbraten. Danach Tomatenmark und die Auberginenwürfel beigeben und mit Brühe ablöschen. Tomaten, Erbsen und Gewürze zusammen mit 400 ml Wasser dazugeben, 30 Minuten köcheln lassen. Räuchertofu in Streifen schneiden und mit den Cashewkernen in etwas Fett anbraten. Suppe in Schalen füllen und mit Räuchtertofu und Cashewkernen garnieren.

KAROTTENCREMESUPPE MIT GETROCKNETEN TOMATEN

4 PORTIONEN

1 kg *Karotten*
3–4 *Schalotten*
3 EL *Rapsöl*
200 ml *Gemüsebrühe*
3 EL *Maisstärke*
1 EL *Chili, geschrotet*
1 EL *Oregano*
1–2 *Lorbeerblätter*
300 g *sonnengetrocknete Tomaten*
100 ml *Sojasahne*
Salz / Pfeffer

Karotten schälen, in ca. 1 cm große Stücke schneiden. Schalotten fein würfeln. Beides in einem Topf kurz in Öl anbraten.
Mit der Brühe ablöschen und mit lauwarmem Wasser die Karotten leicht bedecken. 30–40 Minuten kochen, pürieren und mit Maisstärke eindicken. Mit Chili, Oregano, Lorbeerblättern und den fein geschnittenen Tomaten ziehen lassen. Wenn die Suppe leicht abgekühlt ist, Lorbeerblätter entfernen, mit Sojasahne verfeinern und mit Salz und Pfeffer abschmecken.

ERBSENSUPPE MIT MINZE

4 PORTIONEN

1 kg	*Tiefkühlerbsen*
300 g	*Kartoffeln, festkochend*
300 g	*Karotten*
100 g	*Süßkartoffeln*
4 EL	*Rapsöl*
200 ml	*Gemüsebrühe*
200 ml	*Weißwein*
½ EL	*Chili, geschrotet*
½ EL	*Majoran*
2	*Lorbeerblätter*
1 Stange	*Estragon*
5 g	*geraspelter Ingwer*
1 Bund	*Minze*
300 ml	*Sojasahne*
	Salz / Pfeffer

Erbsen eine Stunde vorher auftauen. Kartoffeln, Karotten und Süßkartoffeln in Würfel schneiden und in Öl anschwitzen. Mit der Hälfte der Brühe ablöschen, Weißwein dazugeben und köcheln lassen. Gewürze und Minze dazugeben, mit der restlichen Brühe aufgießen. Sojasahne dazugeben und 15 Minuten köcheln lassen. Die aufgetauten Erbsen pürieren. Mit den restlichen Zutaten vermengen und 10 Minuten köcheln lassen. Mit Salz und Pfeffer abschmecken.

VORSPEISEN

SAURE SEMMELKNÖDEL MIT PFIFFERLINGEN

4 PORTIONEN

4	*Semmelknödel (siehe Seite 69)*
400 g	*Pfifferlinge*
2	*rote Zwiebeln*
2 EL	*Rapsöl*
4 TL	*Kürbiskernöl*
2 TL	*Apfelessig*
	Salz / Pfeffer
1 Bund	*Petersilie*

Pfifferlinge putzen und in Scheiben schneiden. Eine Zwiebel würfeln und mit den geschnittenen Pfifferlingen kurz in Öl anbraten. Semmelknödel und die andere Zwiebel in dünne Scheiben schneiden und auf einem Teller anrichten. Pfifferlinge dazugeben und alles mit Kürbiskernöl und Apfelessig beträufeln. Mit Salz und Pfeffer abschmecken und mit klein gehackter Petersilie garnieren.

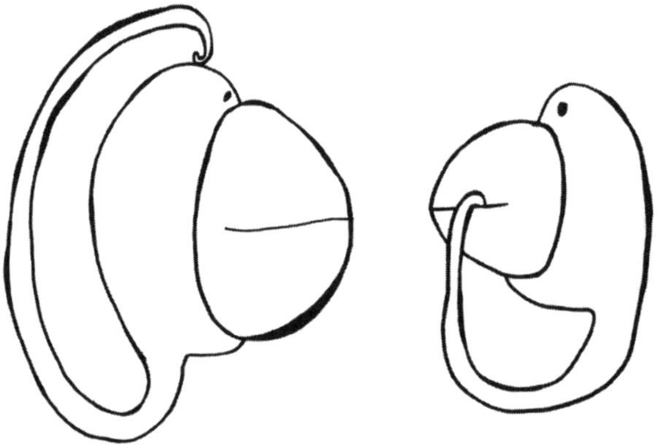

AUBERGINEN-BELUGALINSEN-KAVIAR

4 Portionen

4	*Auberginen*
3 EL	*Rapsöl*
500 g	*Belugalinsen*
1 Bund	*Thymian*
2 Bund	*Koriander*
1 EL	*Koriander, gemahlen*
1 EL	*Chili, geschrotet*
½ TL	*Piment, gemahlen*
70 ml	*Balsamicoessig*
200 ml	*Olivenöl*
50 ml	*Agavendicksaft*
	Salz / Pfeffer

Auberginen in 1 cm große Würfel schneiden und in Rapsöl scharf anbraten. Belugalinsen 25–30 Minuten kochen und dann abgießen und abkühlen lassen. Klein gehackte Kräuter, Gewürze, Essig, Olivenöl und Agavendicksaft in einer Schüssel cremig rühren, unter die Linsen und Auberginenwürfel heben und mit Salz und Pfeffer abschmecken.

APFEL-ROTE-BETE-CARPACCIO

4 Portionen

4	*große Rote Beten*
5	*saure Äpfel*
1 EL	*Zitronensaft*
50 ml	*Apfelessig*
120 ml	*Olivenöl*
30 ml	*Walnussöl*
1 Bund	*Rosmarin*
½ Bund	*Salbei*
1 TL	*Chilipulver*
1 TL	*Senf*
½ TL	*Fenchelsamen*
50 ml	*Agavendicksaft*
1	*Fenchelknolle*
500 g	*Portulak, Sauerampfer oder Feldsalat*

Rote Beten kochen und schälen. Äpfel schälen und entkernen. Beides inhauchdünne Scheiben schneiden, kreisförmig anrichten und mit Zitronensaft beträufeln.
Für die Marinade Essig und Öl mit den fein gehackten Kräutern, Chili, Senf, Fenchelsamen und Agavendicksaft schaumig rühren.
Die Hälfte der Marinade über die Apfel- und Rote-Bete-Scheiben geben.
Fenchel dünn hobeln, mit dem Portulak und der restlichen Marinade mischen und auf den Apfel- und Rote-Bete-Scheiben anrichten.

Tipp: Es empfiehlt sich, beim Schälen und Schneiden der Roten Bete Küchenhandschuhe zu tragen, da sie stark abfärbt.

SAMOSAS

15 Stück

500 g	*Dinkelmehl*
75 ml	*Olivenöl*
200 ml	*lauwarmes Wasser*
2 EL	*Salz*
1 kg	*Süßkartoffeln*
600 g	*Blattspinat*
1 Tasse	*Sonnenblumenkerne*
2 EL	*Currypulver*
1 EL	*Koriander, gemahlen*
1 TL	*Zimt*
1 EL	*Gemüsebrühe*
1 EL	*Chili, geschrotet*
½ EL	*Bockshornkleesamen, gemahlen*
1 EL	*Paprikapulver edelsüß*

Mehl, Öl, Wasser und 1 EL Salz gut zu einem Teig durchkneten und 1 Stunde ruhen lassen. Geschälte und gewürfelte Süßkartoffeln samt Blattspinat dämpfen und mit den restlichen Zutaten vermengen. Ofen auf 210 °C Umluft (Gas: Stufe 3–4) vorheizen. Den Teig auf ½ cm Dicke auswalken und über die Samosapresse (erhältlich im Asialaden) legen, mit der Füllung bestreichen und die Presse zudrücken. Die so entstandenen Samosas 25 Minuten backen. Mit Chutney oder Salsa servieren.

Tipp: Wenn Sie keine Samosapresse besitzen, einfach den Teig in gleich große Quadrate schneiden, Füllung in die Mitte geben, die Teigstücke zusammenklappen und die Ränder mit einer Gabel andrücken.

TACOS MIT SOJABOLOGNESE & YOFU

20 Stück

3–4	*bunte Paprika*
200 g	*Jalapeños*
4 EL	*Rapsöl*
15 g	*Tomatenmark*
200 ml	*mexikanisches Bier*
100 ml	*Gemüsebrühe*
6	*Tomaten*
500 g	*Sojahack*
1–2 EL	*Kreuzkümmel*
	Salz / Pfeffer
1 EL	*Chilipulver*
50 ml	*Agavendicksaft*
1	*Eisbergsalat*
5	*Karotten*
20	*Tacoschalen*
500 ml	*Yofu*

Paprika und Jalapeños klein hacken und in Rapsöl scharf anbraten, Tomatenmark dazugeben und mit Bier und Brühe ablöschen. Tomaten und Sojahack würfeln und hinzugeben. Unter Rühren 10 Minuten ziehen lassen. Mit Kreuzkümmel, Salz, Pfeffer, Chili und Agavendicksaft würzen. Eisbergsalat fein schneiden und Karotten raspeln. Die Tacoschalen zu zwei Drittel mit der Sojabolognese füllen, Eisbergsalat und Karotten dazugeben und mit Yofu garnieren.

SALATE

KICHERERBSENSALAT MIT CURRY & SCHWARZEM SESAM

4 Portionen

500 g	*Kichererbsen*
300 g	*Wurzelgemüse*
200 ml	*Gemüsebrühe*
1 EL	*Currypulver*
Saft von 2	*Orangen*
	Salz
3 EL	*Rapsöl*
1 EL	*schwarzer Sesam*

Kichererbsen über Nacht in Wasser einlegen. In frischem Wasser weich kochen. Wurzelgemüse in der Brühe kochen und klein schneiden. Aus einem Viertel der Kichererbsen, dem Currypulver, dem Orangensaft, Salz und Rapsöl ein Dressing mixen. Die restlichen Kichererbsen mit dem Wurzelgemüse, dem Dressing und schwarzem Sesam vermengen.

BROTSALAT MIT KAPERN & OLIVEN

4 Portionen

2	*Ciabattas*
300 ml	*Olivenöl*
300 g	*Oliven*
100 g	*Kapern*
100 g	*getrocknete Tomaten*
1 Bund	*Minze*
1 Bund	*Thymian*
100 ml	*weißer Balsamicoessig*
	Salz / Pfeffer

Brote in Würfel schneiden und in Olivenöl knusprig anbraten. Die benötigte Menge hängt dabei stark von der Frische des Brotes ab. Mit Oliven, Kapern, getrockneten Tomaten, Minze und Thymian vermengen. Den Brotsalat mit dem restlichen Olivenöl, Essig, Salz und Pfeffer abschmecken.

COUSCOUSSALAT

5 Portionen

500 g	*Couscous*
0,5 l	*Gemüsebrühe*
	Salz / Pfeffer
1 TL	*Chili, geschroteter*
½ TL	*Zimt*
½ Bund	*Oregano*
1 TL	*Rohrohrzucker*
1 EL	*gemahlener Koriander*
½ TL	*Kurkuma*

Couscous mit 70 °C heißer Gemüsebrühe aufgießen. Die restlichen Zutaten unter das Couscous rühren und zusammen ziehen lassen, bis das Couscous weich ist.

3	*Tomaten*
1	*Gurke*
2	*gelbe Paprika*
1 Bund	*frische Petersilie*
1 Bund	*frische Minze*
150 ml	*Olivenöl*
50 ml	*Apfelessig*

Gemüse und Kräuter klein schneiden und dem Couscous beimischen. Mit Olivenöl und Apfelessig abschmecken.

SPARGELSALAT MIT GRAPEFRUIT

4 Portionen

1 kg	*grüner Spargel*
	Zitronensaft
3–4	*Grapefruits*
200 ml	*Rapsöl*
50 ml	*Reisessig*
30 ml	*Agavendicksaft*
150 ml	*Grapefruitsaft*
1 EL	*Chili, geschrotet*
1 TL	*Piment*
2–3 Fäden	*Safran*
	Salz / Pfeffer
1 Bund	*Petersilie, glatt*

Spargel schälen und 8–10 Minuten in Salzwasser mit einem Schuss Zitronensaft kochen, Wasser abgießen und den Spargel schräg in Stücke schneiden. Grapefruits schälen und Filets auslösen. Öl, Essig, Agavendicksaft, Grapefruitsaft, Chili, Piment, Safran, Salz und Pfeffer mit einem Stabmixer cremig rühren. Spargel, Grapefruit und grob gehackte Petersilie mit dem Dressing vermengen.

MAROKKANISCHER AUBERGINENSALAT

5 Portionen

400 g	*Couscous*
50 g	*vegane Margarine*
100 ml	*Gemüsebrühe*
1 EL	*Kurkuma*
700 g	*Auberginen*
	Salz
250 ml	*Olivenöl*
1–2	*rote Paprika*
1	*Karotte*
1 EL	*Piment*
1 Bund	*Petersilie (gehackt)*
100 ml	*Reisessig*
½ TL	*Zimt*
	Pfeffer

Couscous mit Margarine, Brühe und Kurkuma mischen, auf ein mit Margarine bestrichenes Blech auslegen und mit siedendem Wasser im Verhältnis 1 : 1 übergießen. 10–15 Minuten ziehen lassen. Auberginen in 1–2 cm große Würfel schneiden und mit Salz und Olivenöl 30 Minuten bei 180 °C Oberhitze (Gas: Stufe 3–4) im Ofen schmoren. Paprika und Karotte fein schneiden. Wenn das Couscous abgekühlt ist, mit einer Gabel lockern. Mit den restlichen Zutaten vermengen und mit Salz und Pfeffer abschmecken.

FENCHEL-APFEL-SALAT MIT CHILI & DILL

4 Portionen

5	*Fenchelknollen*
2	*süß-saure Äpfel*
1 Bund	*Dill (gehackt)*
200 ml	*Olivenöl*
100 ml	*Reisessig*
50 ml	*Zitronensaft*
1 EL	*Chilipulver*

Fenchel und Äpfel in dünne Scheiben schneiden und mit den restlichen Zutaten vermengen. 10–15 Minuten ziehen lassen.

ROTE-BETE-SALAT MIT MEERRETTICHDRESSING & RÄUCHERTOFU

5 Portionen

1 kg	*Rote Beten*
250 g	*Räuchertofu*
2 EL	*Rapsöl*
50 g	*frischer Meerrettich*
500 g	*Yofu*
	Salz / Pfeffer
100 ml	*Agavendicksaft*

Rote Beten in Salzwasser 40–50 Minuten kochen, schälen und in Streifen schneiden, dabei am besten Küchenhandschuhe tragen, da Rote Bete stark abfärbt. Räuchertofu in Stifte schneiden und in Rapsöl anbraten. Meerrettich schälen, raspeln und mit Yofu, Salz, Pfeffer und Agavendicksaft pürieren. Alles vermengen und 10–15 Minuten ziehen lassen.

WASSERMELONENSALAT

4 Portionen

1 Stück	*Ingwer*
1	*rote Zwiebel*
2	*Knoblauchzehen*
2	*Chilischoten*
50 g	*Erdnüsse*
Saft von 2	*Limetten*
5 EL	*Sojasoße*
½	*Wassermelone*
1 Bund	*Koriander (gezupft)*

Ingwer, Zwiebel, Knoblauch schälen und klein schneiden, Chili ebenfalls klein schneiden, Erdnüsse zerkleinern. Mit Limettensaft und Sojasoße vermischen. Wassermelone in Würfel schneiden, mit dem Dressing mischen und mit dem gezupften Koriander garnieren.

PASTA

SPAGHETTINI MIT KALTER TOMATENSOSSE & MINZE

4 Personen

1	*Zwiebel*
2	*Karotten*
	Rapsöl zum Anbraten
30 ml	*Tomatenmark*
200 ml	*Rotwein*
250 ml	*Dosentomaten*
100 ml	*Gemüsebrühe*
je 1 Zweig	*Thymian und Oregano*
100 g	*getrocknete Tomaten*
1	*Knoblauchzehe*
	Salz / Pfeffer
50 ml	*Agavendicksaft*
750 g	*Spaghettini*
1 Bund	*Minze*

Zwiebel und Karotten schälen und würfeln. In etwas Rapsöl anschwitzen, mit Tomatenmark anrühren und mit Rotwein ablöschen. Dosentomaten, Brühe, Thymian, Oregano, klein geschnittene getrocknete Tomaten und Knoblauch dazugeben. 30 Minuten unter Rühren köcheln lassen. Mit Salz, Pfeffer und Agavendicksaft abschmecken, dann kalt stellen. Spaghettini nach Packungsanweisung kochen, Minze klein schneiden und beides unter die Soße heben.

TOFU-SPINAT-CANNELLONI

4 Portionen

350 g	*Tofu natur*
400 g	*frischer Blattspinat*
100 g	*Sonnenblumenkerne (geröstet)*
	Muskatnuss (gerieben)
	Salz / Pfeffer
1	*Schalotte*
1	*Knoblauchzehe*
1	*Karotte*
6 EL	*Olivenöl*
0,2 l	*Rotwein*
500 g	*geschälte Tomaten aus der Dose*
2 EL	*Tomatenmark*
100 ml	*Gemüsebrühe*
je 1 Zweig	*Oregano, Thymian & Basilikum*
5	*frische Tomaten*
20	*Cannelloni*

Tofu grob raspeln. Spinat in kochendem Wasser blanchieren, Wasser abgießen und Spinat klein hacken. Tofu, Spinat und Sonnenblumenkerne gut vermengen und mit Muskatnuss, Salz und Pfeffer abschmecken. Schalotte, Knoblauch und Karotte schälen und würfeln, in 4 EL Olivenöl anschwitzen und mit Rotwein ablöschen. Dosentomaten, Tomatenmark, Brühe und klein geschnittene Kräuter dazugeben und mindestens 30 Minuten köcheln lassen. Mit Salz und Pfeffer abschmecken. Ofen auf 180 °C (Gas: Stufe 3–4) vorheizen. Den Boden einer Backform mit 2 EL Olivenöl bestreichen, frische Tomaten in Scheiben schneiden und den Boden damit auslegen. Cannelloni mit der Tofu-Spinat-Masse füllen. Etwas von der Soße über die Tomaten geben, gefüllte Canneloni darauflegen und mit der restlichen Soße bedecken. Ca. 15–20 Minuten auf mittlerer Schiene backen.

ROHKOSTLASAGNE

5 Portionen

1–2	*Schalotten*
200 g	*Oliven*
50 g	*Kapern*
1 Prise	*Chilipulver*
	Salz / Pfeffer
1–2 EL	*Agavendicksaft*
1 Bund	*Basilikum*
10	*Tomaten*
1 Bund	*Oregano*
5	*große Zucchini*
200 ml	*Yofu*
½ Bund	*Petersilie*

Schalotten schälen und klein schneiden, Oliven und Kapern klein hacken und mit Chili, Salz, Pfeffer und Agavendicksaft abschmecken. Fein geschnittenes Basilikum unterheben und alles 20 Minuten ziehen lassen. Es sollte intensiv salzig schmecken. Tomaten entkernen und sehr klein würfeln. Mit Salz, Pfeffer und gehacktem Oregano würzen und mit Agavendicksaft abrunden. 10–15 Minuten ziehen lassen. Mit einem Gemüsehobel 1 mm dicke Scheiben längs aus den Zucchini schneiden. Wie links auf dem Bild zu sehen aufeinanderschichten und zurechtschneiden. Jeweils mit 1 EL Yofu und gehackter Petersilie garnieren.

RAVIOLI MIT KÜRBISFÜLLUNG

4 Portionen

200 g	*Hartweizengrieß*
200 g	*Weizenmehl*
180 ml	*Wasser*
40 ml	*Olivenöl*
	Salz / Pfeffer
1 kg	*Hokkaido-Kürbis*
1 EL	*Chili, geschrotet*
1 Bund	*Salbei*
3 Bund	*Bärlauch*
100 g	*Pinienkerne*
20 ml	*Agavendicksaft*
2 EL	*Margarine*

Hartweizengrieß, Mehl, Wasser, 20 ml Olivenöl und etwas Salz zu einem geschmeidigen Teig kneten. 30–40 Minuten ruhen lassen. Hokkaido-Kürbis schälen und würfeln, bei 220 °C Umluft (Gas: Stufe 5–6) 20–25 Minuten backen, pürieren und mit Chili, klein gehacktem Salbei (ein paar Blättchen für die Salbeimargarine zur Seite stellen), Salz und Pfeffer abschmecken. 1 Stunde kalt stellen. In der Zwischenzeit Margarine in einem Topf zerlassen, Salbeiblätter zugeben und beiseite stellen. Bärlauch, Pinienkerne, Agavendicksaft und 20 ml Olivenöl mit dem Pürierstab mixen und mit Salz abschmecken. Den Teig dünn auswalken, mit einer runden Form Kreise ausstechen, Kürbisfüllung daraufgeben, die Ränder anfeuchten, zusammenfalten und mit einer Gabel festdrücken. 3–4 Minuten in siedendem Salzwasser garen. In Salbeimargarine schwenken und mit Bärlauchpesto servieren.

FETTUCCINE MIT SAFRANSOSSE

4 Personen

½	*Zwiebel*
2 EL	*Olivenöl*
2 g	*Safran*
400 ml	*Mandelmilch*
200 ml	*Sojasahne*
750 g	*Fettuccine*
	Salz / Pfeffer

Zwiebel schälen, würfeln und in Olivenöl anschwitzen, Safran dazugeben und mit Mandelmilch und Sojasahne ablöschen. Nudeln al dente kochen. Soße mit Salz und Pfeffer abschmecken und die gekochten Nudeln kurz darin schwenken.

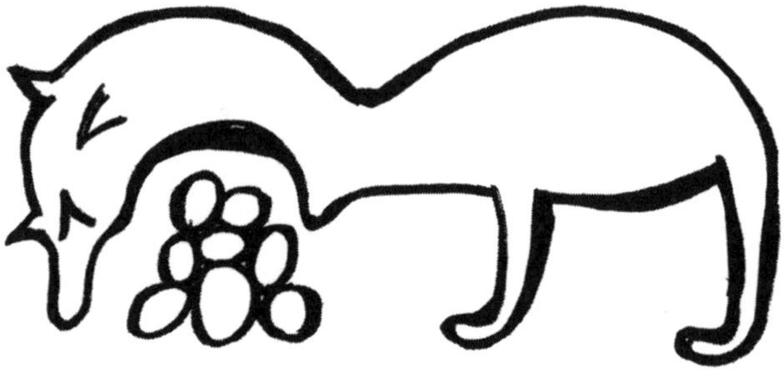

TAGLIATELLE MIT BOSKOP-ÄPFELN, RADICCHIO & WALNÜSSEN

4 Personen

3	*Boskop-Äpfel*
½	*Radicchio*
100 ml	*Olivenöl*
200 g	*Walnüsse (gehackt)*
etwas	*Zucker*
1 Bund	*Kerbel (gehackt)*
½ TL	*Chilipulver*
100 ml	*Agavendicksaft*
750 g	*Tagliatelle*

Boskop-Äpfel und Radicchio in Streifen schneiden und in 2 EL Olivenöl anbraten. Walnüsse in der Pfanne mit etwas Zucker karamellisieren. Restliches Olivenöl, Kerbel, Chili und Agavendicksaft zu einer Soße verrühren. Tagliatelle kochen und mit Boskop-Äpfeln, Radicchio, Walnüssen und Soße 2–3 Minuten in einer Pfanne schwenken und servieren.

HAUPTSPEISEN

FALAFEL MIT TAHIN & ROSMARINKARTOFFELN

4 Portionen

FALAFEL

500 g rohe Kichererbsen, *Petersilie und Koriander (gehackt), 1 EL Kreuzkümmel (gemahlen), 1 TL Garam Masala, 1 TL Currypulver, 1 TL Chili (gemahlen), Salz, Rapsöl zum Frittieren*

Kichererbsen über Nacht einweichen und im Bechermixer pürieren. Mit den Kräutern und Gewürzen vermengen, mit Salz abschmecken. Mit einem Esslöffel zu großen Nocken formen (es gibt auch spezielle Falafelformer) und frittieren, bis sie goldgelb sind.

TAHIN

200 ml Sesampaste, *50 ml Olivenöl, 150 ml Agavendicksaft, 50 ml Reisessig, 20 ml fermentierter Reisessig, 2 EL Sojasoße, Salz / Pfeffer*

Alle Zutaten mit einem Stabmixer zu einer sämigen Masse verquirlen. Mit Salz und Pfeffer abschmecken.

ROSMARINKARTOFFELN

500 g kleine Pellkartoffeln, 4 EL Olivenöl, 1 Bund Rosmarin, Salz / Pfeffer, Petersilie und Koriander (gehackt)

Kartoffeln waschen, vierteln und leicht vorkochen. Bei 180 °C Umluft (Gas: Stufe 3–4) auf einem Blech mit Olivenöl ca. 45 Minuten backen. Ofen ausschalten, Rosmarin, Salz und Pfeffer dazugeben und ca. 20 Minuten ziehen lassen.

Alles zusammen anrichten. Mit etwas Petersilie und Koriander garnieren.

KARTOFFELGULASCH MIT RÄUCHERTOFU

4 PORTIONEN

1,5 kg	*Kartoffeln (festkochend)*
500 g	*Räuchertofu*
3	*rote Paprika*
4	*Karotten*
4 EL	*Rapsöl*
200 ml	*Gemüsebrühe*
15 g	*Tomatenmark*
1 Bund	*Rosmarin*
2 EL	*Majoran*
1 Bund	*Thymian*
2–3 EL	*Paprikapulver (rosenscharf)*
500 g	*Dosentomaten*
100 ml	*Agavendicksaft*
	Salz / Pfeffer

Kartoffeln schälen, würfeln und in Salzwasser ca. 10 Minuten weich kochen. Räuchertofu und Paprika würfeln, Karotten schälen und in feine Streifen schneiden, alles in Rapsöl scharf anbraten. Mit Brühe ablöschen, dann Tomatenmark, Rosmarin, Majoran, Thymian und Paprikapulver dazugeben und 10 Minuten köcheln lassen. Dosentomaten und vorgegarte Kartoffeln dazugeben. Weitere 30 Minuten köcheln lassen. Mit Agavendicksaft, Salz und Pfeffer abschmecken.

SEMMELKNÖDEL MIT RAHMCHAMPIGNONS

4 Portionen

SEMMELKNÖDEL (8 STÜCK)

1	*Zwiebel*
200 g	*Räuchertofu*
	Rapsöl zum Anbraten
500 g	*Knödelbrot*
800 ml	*Sojamilch*
	Salz / Pfeffer
½ Bund	*Petersilie (gehackt)*

Zwiebeln schälen und fein würfeln, Räuchertofu ebenfalls fein würfeln und zusammen in etwas Öl anbraten. Knödelbrot und Sojamilch vermengen und mit Salz und Pfeffer würzen. Gehackte Petersilie, Zwiebeln und Tofu zugeben, alles kneten und 10 Minuten ziehen lassen. Acht Knödel formen und in köchelndem Salzwasser 15–20 Minuten garen lassen.

RAHMCHAMPIGNONS

1	*Zwiebel*
2 EL	*Rapsöl*
800 g	*Champignons*
400 ml	*Sojasahne*
½ Bund	*Petersilie (gehackt)*
1 Bund	*Schnittlauch (gehackt)*
	Salz / Pfeffer

Zwiebel schälen, würfeln und in Rapsöl anbraten. Champignons putzen, in Scheiben schneiden und mit den Zwiebeln dünsten. Mit der Sojasahne aufgießen, Petersilie und Schnittlauch dazugeben und mit Salz und Pfeffer abschmecken. Pro Portion mit 2 Semmelknödeln servieren.

INDISCHES THALI

5 Portionen

SPINAT MIT TOFU

450 g Tofu natur, 4 EL Rapsöl, 1 kg frischer Blattspinat, 200 ml Kokosmilch, 1 EL Chilipulver, 1 EL Currypulver, Salz / Pfeffer

Tofu in kleine Würfel schneiden und in Rapsöl kross anbraten. Den geputzten Spinat dazugeben und kurz schwenken. Mit Kokosmilch ablöschen, Chili und Curry dazugeben und so lange dünsten, bis der Spinat gar ist. Mit Salz und Pfeffer abschmecken.

DALSUPPE

350 g Karotten, 300 g Knollensellerie, 1 Kartoffel, 4 EL Rapsöl, 1 Stangensellerie, 500 g gelbe Linsen, 300 g rote Linsen, ½ EL Koriandersamen, ½ TL Senfsamen, 1 TL Sesam, 1 TL Bockshornkleesaat, 2 EL Currypulver, 1 EL Koriander (gemahlen), 1 EL Paprikapulver (edelsüß), ½ TL Zimt, 20 g Ingwer (geraspelt), 1 EL Chili (geschrotet), 15 g Tomatenmark, 200 ml Gemüsebrühe, Salz / Pfeffer

Karotten, Knollensellerie und Kartoffeln schälen und in kleine Würfel schneiden, in Öl anschwitzen. Stangensellerie klein schneiden. Linsen, Koriandersamen, Senfsamen, Sesam, Bockshornklee und den Stangensellerie dazugeben und unter ständigem Rühren leicht anrösten. Mit Wasser aufgießen und 30–40 Minuten köcheln lassen, bis die Linsen zerfallen sind. Dabei den Schaum regelmäßig abschöpfen. Restliche Gewürze, Tomatenmark und Gemüsebrühe dazugeben und weitere 15 Minuten köcheln lassen. Mit Salz und Pfeffer abschmecken.

APRIKOSENCHUTNEY

500 g entkernte Aprikosen, 2 EL Rapsöl, 50 ml Agavendicksaft, 50 ml Zitronensaft, 1 EL Chili (geschrotet), Salz

Aprikosen vierteln und in Rapsöl anschwitzen. Restliche Zutaten dazugeben und mit etwas Wasser weich kochen. Abkühlen lassen.

ROTE-BETE-SALAT

500 g Rote Beten, 150 g Räuchertofu, 2 EL Rapsöl, 200 g Yofu, 2 EL Agavendicksaft, Salz / Pfeffer

Rote Beten in Salzwasser 40–50 Minuten kochen, schälen und in Streifen schneiden. Räuchertofu in Stifte schneiden und in Rapsöl anbraten. Yofu, Agavendicksaft, Salz und Pfeffer zu einem Dressing verrühren. Alles miteinander vermengen und 15 Minuten ziehen lassen.

KOFTA (LINSENBÄLLCHEN)

250 g Sojagranulat, 500 g Linsen, 1 EL Sojamehl, 4 Karotten, 1 EL Tomatenmark, 2 EL Paprikapulver, 1 EL Koriander (gemahlen), 1 EL Gemüsebrühe, 1 Bund Petersilie (gehackt), 100 g Grieß, 4 EL Rapsöl

Sojagranulat in Salzwasser weich kochen. Linsen mit der zweifachen Menge Wasser weich kochen, abgießen und mit Sojamehl, geschälten und geraspelten Karotten, Tomatenmark, Paprikapulver, Koriander, Brühe, Sojagranulat und Petersilie zu einer leicht formbaren Masse verkneten. Mit dem Grieß kann man die Festigkeit regulieren. Zu 3–4 cm großen Kugeln formen und in Rapsöl knusprig ausbraten.

PAPADAM (FLADENBROT AUS LINSENMEHL)

Papadam aus dem Asialaden in etwas Öl in einer Pfanne von beiden Seiten golden anbraten, bis sich kleine Blasen auf der Oberfläche bilden. Abtropfen und abkühlen lassen.

SOJAGYROS MIT ZAZIKI

4 Portionen

300 g	*Sojageschnetzeltes*
2 EL	*Majoran*
200 ml	*Olivenöl*
	Salz / Pfeffer
1	*Zwiebel*
1	*Schlangengurke*
500 g	*Yofu*
1	*Knoblauchzehe*
300 g	*Salat*
4	*Tomaten*
200 g	*Kalamata-Oliven (entkernt)*
1 EL	*Balsamicoessig*

Sojageschnetzeltes 15 Minuten in Salzwasser kochen. Abgießen, Wasser ausdrücken und mit Majoran, 100 ml Olivenöl, Salz und Pfeffer marinieren und in einer Pfanne kross anbraten. Die Zwiebel schälen und fein würfeln, hinzufügen und glasig anschwitzen. Gurke schälen, entkernen und mit einer Reibe raspeln. Yofu, Gurke, klein geschnittene Knoblauchzehe, Salz und Pfeffer miteinander vermengen und 15 Minuten ziehen lassen. Salat zupfen und putzen, Tomaten entkernen und in Streifen schneiden, Oliven in dünne Scheiben schneiden, in eine Schüssel geben und mit restlichem Olivenöl, Balsamicoessig, Salz und Pfeffer anmachen. Olivensalat mit Sojagyros anrichten und Zaziki dazugeben.

TOFUCURRY MIT SPARGEL & KIRSCHTOMATEN

4 Portionen

2 l	*Kokosmilch*
1 EL	*gelbe Currypaste*
3 Stangen	*Zitronengras*
20 g	*Ingwer*
1 TL	*Kurkuma*
2	*Limettenblätter*
450 g	*grüner Spargel*
2	*Karotten*
je 1 Knolle	*Fenchel und Sellerie*
je 1	*rote und gelbe Paprika*
150 g	*Bambussprossen*
500 g	*Tofu*
4 EL	*Rapsöl*
350 g	*Kirschtomaten*
	etwas Zitronensaft
	Salz
1 Bund	*Thaibasilikum*

Kokosmilch mit Currypaste, Zitronengras, klein geschnittenen Ingwer, Kurkuma und Limettenblättern aufkochen, 30 Minuten köcheln lassen. Spargel schälen, in ca. 3 cm lange Stücke schneiden und blanchieren. Karotten schälen und in dünne Streifen schneiden, Fenchel, Sellerie und Paprika klein schneiden, zusammen mit den Bambussprossen und dem gewürfelten Tofu in Rapsöl anbraten. Kirschtomaten vierteln. Kokosmilch durch ein Sieb auf das Gemüse und den Tofu passieren. 10 Minuten köcheln lassen. Das Thaibasilikum hacken und mit dem Spargel und den Kirschtomaten dazugeben. Das Curry mit Reis servieren.

ROULADEN MIT BLATTSPINAT

4 PORTIONEN

200 g	*Champignons*
6 EL	*Sonnenblumenöl*
200 g	*Räuchertofu*
½ Bund	*frische Kräuter (z. B. Rosmarin)*
1 EL	*Hefeflocken*
	Salz / Pfeffer
4	*Sojasteaks*
4 TL	*Dijonsenf*
200 g	*Wirsing oder Spinat*
1 Glas	*Essiggurken*
	Bindfaden
1 Prise	*Muskatnuss (gemahlen)*
	Jus (Zutaten siehe unten)

Champignons putzen und raspeln, in einer Pfanne mit 2 EL Öl ausbraten, bis alles Wasser verdampft ist. Räuchertofu mit einer Reibe fein raspeln, Kräuter fein hacken. Räuchertofu, Hefeflocken, Salz, Pfeffer und Kräuter zu den Champignons geben. Sojasteaks in gesalzenem Wasser ca. 35–45 Minuten kochen. Wasser herausdrücken, mit Salz, Pfeffer und Senf einreiben. Je ein Steak auf ein Blatt Wirsing oder Spinat legen, mit der Füllung bestreichen und eine Essiggurke obenauf legen. Einrollen und mit einem Faden zusammenbinden. Rouladen rundherum in 4 EL Öl anbraten und mit reichlich Jus im vorgeheizten Ofen bei 180 °C (Gas: Stufe 3–4) 10–15 Minuten backen. Den restlichen Wirsing/Blattspinat kurz in Salzwasser blanchieren und mit Muskat, Salz und Pfeffer würzen. Zusammen mit den Rouladen servieren.

JUS

3–4 Karotten, ½ Knolle Sellerie, 1 kleinen Bund Petersilie, 1 Lorbeerblatt, 5 Wacholderbeeren, Kümmel, Pfeffer, Sojasoße, Rotwein, Hefeflocken, Maisstärke

Karotten und Sellerieknolle in grobe Stücke schneiden, Petersilie hacken und zusammen mit Lorbeer, Wacholder, Kümmel und Pfeffer anbraten. Mit Sojasoße, Rotwein und etwas Wasser ablöschen. Hefeflocken dazugeben und ca. 10 Minuten köcheln. Durch ein Sieb streichen und mit Maisstärke abbinden.

DESSERTS

BROWNIES

12 Stück

500 g	*Weizenmehl (Type 550)*
350 g	*feiner Rohrzucker*
170 g	*Kakao*
3 TL	*Backpulver*
1 TL	*Natron*
10 g	*Bourbonvanillezucker*
1 Prise	*Salz*
150 ml	*Rapsöl*
700–800 ml	*Vanillesojamilch*
250 g	*Kuvertüre*
20 ml	*Rapsöl*

Ofen auf 210 °C Ober- und Unterhitze (Gas: Stufe 5) vorheizen. Alle Zutaten zu einer zähen Masse vermengen und auf ein Blech mit Backpapier ausbreiten. 20–25 Minuten backen. Kuvertüre mit Rapsöl im Wasserbad erhitzen, Kuchen damit bestreichen und anschließend in Quadrate schneiden.

APFELMUFFINS

12 Stück

3	*mittelgroße Äpfel*
300 g	*Weizenmehl (Type 550)*
180 g	*feiner Rohrzucker*
3 gestrichene TL	*Backpulver*
1 TL	*Natron*
1 Päckchen	*Vanillezucker*
50 ml	*Rapsöl*
300 ml	*Vanillesojamilch*
1 Prise	*Salz*

Ofen auf 210 °C Ober- und Unterhitze (Gas: Stufe 5) vorheizen. Äpfel in kleine Würfel schneiden und mit den restlichen Zutaten vermengen. Muffinpapierförmchen in ein Muffinblech legen und bis zum Rand mit Teig füllen. 20 Minuten auf der mittleren Ebene backen.

Tipp: Statt Äpfel kann man auch eine halbe Ananas oder 150 g Heidelbeeren nehmen.

MOUSSE AU CHOCOLAT

4 Portionen

120 ml	*Sojasahne (Natumi CreSoy)*
25 g	*Sahnesteif*
140 g	*Kuvertüre*
1 TL	*Rapsöl*

Sojasahne mit Sahnesteif schlagen. Kuvertüre mit Rapsöl im Wasserbad schmelzen. Die Kuvertüre sollte eine Temperatur zwischen 35 und 45 °C haben. Nach und nach die Kuvertüre unter die Sojasahne heben. Sofort kalt stellen.

Hinweis: Das Rezept funktioniert nur mit der Sojasahne von Natumi CreSoy.

DATTELPRALINEN

ca. 10 Stück

500 g	*entkernte Datteln*
100 g	*Mandelsplitter*
	Kokosmilch
200 g	*Haselnüsse (gehackt)*
300 g	*Kuvertüre*

Entkernte Datteln und Mandelsplitter mit dem Stabmixer pürieren und nach und nach etwas Kokosmilch untermischen, bis eine feste, formbare Masse entstanden ist. Aus der Masse Kugeln rollen und mit Haselnüssen bestreuen. Abkühlen lassen. Kuvertüre im Wasserbad schmelzen und die Pralinen damit glasieren.

KOKOS-DATTEL-PRALINEN

ca. 20 Stück

1 kg	*entkernte schwarze Datteln*
250 ml	*Kokosöl*
150 ml	*Kokosmilch*
500 g	*Pistazien ohne Salz*
1,5 kg	*Kuvertüre*

Datteln mit Kokosöl und Kokosmilch pürieren und kalt stellen. Pistazien hacken, Kuvertüre im Wasserbad schmelzen. Aus der erkalteten Dattelmasse Kugeln formen, in die Kuvertüre tunken und mit Pistazien dekorieren.

PANNA COCO MIT PFLAUMENMUS

5 Portionen

10 reife Pflaumen
⅓ TL Piment
⅓ TL Zimt
120 ml Agavendicksaft
750 ml Kokosmilch
250 ml Vanillesojamilch
3 EL Speisestärke
1 TL Agar-Agar

Pflaumen entkernen, klein schneiden und mit Gewürzen und 60 ml Agavendicksaft bei mittlerer bis starker Hitze unter häufigem Umrühren auf die Hälfte reduzieren lassen. Mindestens 30 Minuten kalt stellen. Kokosmilch und Sojamilch mit Speisestärke und Agar-Agar mischen und zum Kochen bringen. 60 ml Agavendicksaft dazugeben, 5 Minuten ziehen lassen und in angefeuchtete Schalen füllen. 4–5 Stunden kalt stellen. Panna coco stürzen und mit dem Pflaumenmus servieren.

MANGOCREME MIT HIMBEERSORBET

4 Portionen

500 g	*frische Himbeeren*
1 cl	*Gin*
75 ml	*Sojasahne (Natumi CreSoy)*
1 Dose	*Mangopulp (250 ml)*
1 Messerspitze	*Bourbonvanillezucker*
1 Messerspitze	*Johannisbrotkernmehl*
einige	*Zitronenzesten*
75 ml	*Agavendicksaft*

Für das Sorbet die Himbeeren pürieren, passieren und mit Gin vermengen. 6 Stunden ins Tiefkühlfach stellen, dabei alle 45 Minuten durchrühren. Sojasahne steif schlagen, je kälter, desto besser. Zügig Mangopulp, Vanillezucker, Johannisbrotkernmehl, Zitronenzesten und Agavendicksaft unterheben. 45 Minuten kalt stellen. Die Mangocreme mit dem Himbeersorbet servieren.

Hinweis: Das Rezept funktioniert nur mit der Sojasahne von Natumi CreSoy. Andere Sojasahne lässt sich nicht steif schlagen.

ERDBEERSCHNITTEN

8 Stück

1 kg	*Wiener Grießler*
3 gehäufte EL	*Sojamehl*
8 gestrichene EL	*Backpulver*
2 Päckchen	*Bourbonvanillezucker*
750 g	*Rohrzucker*
Zesten von 3	*Zitronen*
200 ml	*Rapsöl*
1 l	*Sojamilch*

Ofen auf 160 °C Umluft (Gas: Stufe 2–3) vorheizen. Alle Zutaten zu einem homogenen Teig verrühren. Danach sofort auf einem mit Backpapier ausgelegtem tiefen Blech verteilen. Im Ofen ca. 140 Minuten auf mittlerer Schiene backen. Zum Auskühlen auf einen Rost legen. Nachdem der Teig abgekühlt ist, in zwei Schichten quer zerteilen.

2 kg	*Erdbeeren*
2 EL	*Agar-Agar*
1 EL	*Speisestärke*
150 ml	*Agavendicksaft*
	Johannisbeeren und Puderzucker zum Verzieren

Erdbeeren entkelchen und mit einem Stabmixer pürieren.
Mit Agar-Agar, Speisestärke und Agavendicksaft kurz aufkochen.
Für 2 Stunden kalt stellen, ab und zu umrühren.
Eine Form mit Frischhaltefolie auslegen und abwechselnd Biskuit und Erdbeermasse aufeinanderschichten. Stürzen, zu schönen Stücken zurechtschneiden und mit Puderzucker und ganzen Johannisbeeren dekorieren.

SALSAS & CHUTNEYS

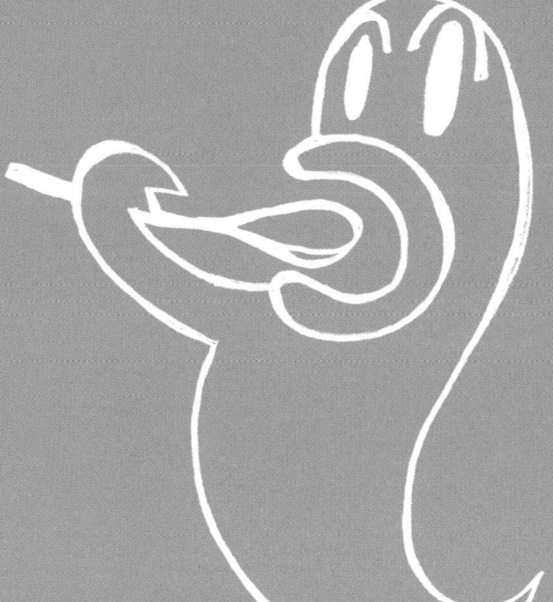

KIRSCHCHUTNEY MIT DATTELN

1 kg Sauerkirschen (entkernt), 500 g Datteln (entkernt), 1 Sternanis, 1 EL Salz, 1 EL Chili, geschrotet, 50 ml Rapsöl

Kirschen und Datteln klein hacken und mit den restlichen Zutaten ca. 15 Minuten köcheln. Anschließend kalt stellen.

ZAZIKI

2 Knoblauchzehen, 1 Schlangengurke, 500 ml Yofu, Salz / Pfeffer

Knoblauch schälen und klein hacken, Gurke schälen, entkernen und klein raspeln. Beides mit Yofu vermengen und mit Salz und Pfeffer abschmecken.

ANANAS-SALSA MIT KORIANDER

1 frische Ananas, 2 Knoblauchzehen, 5 rote Chilischoten, 1 Bund Koriander, Salz / Pfeffer

Ananas würfeln, geschälten Knoblauch und Chili fein schneiden und mit etwas Wasser aufkochen. Dann den klein gehackten Koriander dazugeben. Mit Salz und Pfeffer abschmecken und kalt stellen.

REMOULADENSOSSE

100–200 g Sonnenblumenkerne, 300 ml Rapsöl, 100 ml Reisessig, 1–2 EL Senf, 200 g Essiggurken, 1 Bund Dill (gehackt), Salz / Pfeffer

Sonnenblumenkerne 6 Stunden in Wasser einweichen, Wasser abgießen und mit Öl, Essig und Senf pürieren. Essiggurken fein würfeln und mit den restlichen Zutaten vermengen. Mit Salz und Pfeffer abschmecken und kalt stellen.

HUMMUS

500 g Kichererbsen, 2 EL Koriander (gemahlen), Saft von 2 Zitronen, 1 EL Salz, 1 TL Piment, 1 EL Chilipulver, 2 EL Olivenöl, 1 Zehe Knoblauch

Kichererbsen über Nacht in Wasser einweichen. Dann ca. 50 Minuten in frischem Wasser weich kochen und mit den restlichen Zutaten pürieren.

KAMBODSCHANISCHE KRÄUTERPASTE

ca. 150 Milliliter

3 Stängel	*Zitronengras*
25 g	*Galgantwurzel*
25 g	*Kurkumawurzel*
8	*Knoblauchzehen*
2	*Schalotten*
4	*Kaffirlimettenblätter*
	grobes Meersalz

Zitronengras, Galgantwurzel, Kurkumawurzel, Knoblauch und Schalotten schälen, klein schneiden und mit den restlichen Zutaten sowie etwas Wasser in einem Mörser zerreiben, bis eine homogene Masse entstanden ist. Geeignet als Chutney oder Brotaufstrich.

TOFUBROTAUFSTRICH

4 Portionen

3	*Knoblauchzehen*
1	*Schalotte*
1 Bund	*Minze*
1 Bund	*Petersilie*
400 g	*Tofu*
1 TL	*Meersalz*
¼ Tasse	*trockener Weißwein*
1 TL	*helle Misopaste*
1 TL	*Gemüsebrühe (Pulver)*

Knoblauch und Schalotte schälen und fein würfeln, Minze und Petersilie fein schneiden. Tofu mit einer Gabel zerdrücken und mit allen weiteren Zutaten zu einer Paste verrühren.

GASTKÖCHINNEN

DAS VEGANE MENÜ

VON GISELA GETTY UND JUTTA WINKELMANN

Wir wurden als eineiige Zwillinge in Kassel geboren. Auffallend war, dass wir von klein auf außerordentlich heikel mit Essen waren. Das war vor 1968, und es galt noch: »Was auf den Tisch kommt, wird gegessen!« Allerdings nicht für uns, wir weigerten uns standhaft, etwas zu essen, was uns nicht schmeckte (am allerschlimmsten war Fett am Fleisch, da wurde jede kleinste Faser von uns detailliert rausgefitzelt). Mutti gab irgendwann genervt klein bei, und die dreimal aufgewärmte Stippe blieb stehen.

Gleichwohl waren wir dennoch ungewöhnlich experimentierfreudig. Alles wurde gekostet, selbst Papier und Karton wurden gekaut, das war – wohlgemerkt – merklich nach der Zeit, in der Kinder sowieso alles in den Mund stecken.

Irgendwann bekamen wir in der Schule zugeraunt: »Der Vater von Irm ist Vegetarier.« Fast anstößig! Aber irgendwas blieb hängen. Und einige Jahre später wurde dieser Code aktiv. Wir sind seit den frühen 1970er-Jahren Vegetarierinnen und haben alle Richtungen ganz praktisch selbst erforscht und ausprobiert, genossen und erlitten – in Zeiten, da Vegetarier noch als verrückt galten und die Bestellung eines Salates in Restaurants meist nur in Verbindung mit einem Fleischgericht zu tätigen war. Es benötigte eine außergewöhnliche Überredungskunst und einen freundlich gesinnten Ober und einen noch wohlgesinnteren Koch, um überhaupt an ein fleischloses Gericht zu kommen.

Zugegeben: Wir wurden hin und wieder kurz rückfällig, kennen alle Hochs und Tiefs, alle Richtungen und Diäten und sind natürlich überzeugt, dass die pure Lust am friedfertigen Veganen (am besten ungekocht – aber wer hält das durch ohne Fanatiker/Außenseiter zu werden?) die einzig glücklich und gesund machende Ernährung ist! Keine Religion! Keine Ideologie! Reine Freude! Zur rohen Lust: Schon 50 Prozent Rohkost schaffen innen und außen eine neue Welt! (Da sollte aber ein jeder seine Gleichung finden!) Wir wissen, dass dieses Essen Freude bringt, Krankheiten heilt und wahnsinnig gut schmeckt.

Wählen Sie selbst aus, was Ihnen schmeckt und bekommt, und folgen Sie keinen einseitigen Ess-Gurus. Sie werden erstaunt sein, wie groß die Vielfalt an pflanzlichen Lebensmitteln ist und wie viel da kombiniert und experimentiert werden kann. Die Grundlage bilden frische Grünblattsalate und Gemüse der Jahreszeit, am besten natürlich aus wenig belastetem, kontrolliert biologischem Anbau, frisches reifes Obst, auch Trockenobst, und des Weiteren empfehlen sich frische Kräuter und Wildkräuter, selbst gezogene Sprossen und Keimlinge, Samen, Nüsse, Mandeln, Avocados, frisches Sauerkraut, Oliven und kalt gepresste Pflanzenöle.

Jutta Winkelmann und Gisela Getty leben in München und haben zuletzt das Buch »Die Zwillinge oder vom Versuch, Geist und Geld zu küssen« (Weissbooks, 2008) veröffentlicht.

GUTEN-MORGEN-SAFT

1 Portion

2	*Äpfel*
2 Stangen	*Sellerie*
1 Handvoll	*Petersilie (optional frischer Koriander oder Spinat – oder alles zusammen)*
¼	*Gurke mit Schale*
½	*Zitrone*
1 Stückchen	*Ingwer*

Alle Zutaten durch die Saftpresse geben. Die Zitrone, wenn sie unbehandelt ist, kann mit Schale gepresst werden. Der ideale Frischmacher und Morgentrank!

Tipp: Ersetzt spielend den obligatorischen Kaffee am Morgen – macht munter und high! Genießen!

MOKKA-SMOOTHIE
(FÜR NOTORISCHE KAFFEETRINKER)

1 Portion

3 EL	*Sesamsamen*
2 Tassen	*Kokosmilch*
½ Tasse	*Kokosfleisch (gut: frische Kokosnuss)*
1 EL	*Agavendicksaft*
1 TL	*Carobpulver oder rohen Kakao (via Internet besorgen!)*
1	*Banane*

Alles in einen Mixer geben und sehr gut mixen.

GAZPACHO CLASSICO
(SUPPE)

2 Portionen

5	*Tomaten*
½	*Gurke*
½	*grüne Paprika*
½ oder ¼	*scharfe Peperoni (grün oder rot)*
1 Stange	*Sellerie*
1–2	*Knoblauchzehen (optional)*
1 EL	*Sojasoße oder etwas Salz (nach Geschmack)*

Alles im Mixer pürieren und gleich servieren. Nach Wunsch noch einige Stückchen Avocado zugeben und mit Basilikum oder frischem Koriander garnieren.

FALSCHE LACHSPASTE
(VORSPEISE)

4 Portionen

2 ½ Tassen	*Walnüsse (oder eingeweichte Mandeln)*
2 Stangen	*Sellerie*
1	*rote Paprika*
1 TL	*Zitronensaft*
1 TL	*Dulseflocken (es geht auch ohne die Algen!)*
1 ½	*Frühlingszwiebeln*
1 ½ TL	*Meer-, Himalaja- oder Steinsalz*
1 guter Spritzer	*Sojasoße*
	Salatblätter, Radieschen, Schnittlauch zum Verzieren

Alles bis auf Salat, Radieschen und Schnittlauch in den Mixer geben und so lange pürieren, bis eine weiche Paste entstanden ist. Eventuell noch einige Löffel Wasser hinzufügen. Paste auf einigen Salatblättern anrichten und mit Radieschen und Schnittlauch verzieren.

ROSMARIN-PILZ-SPIESSE MIT KNOBLAUCHCREME (HAUPTSPEISE)

4 Portionen

16–20	*mittelgroße Shiitakepilze*
	Sojasoße zum Marinieren
1–2	*Zucchini*
4	*gelbe Tomaten*
8	*Rosmarinzweige (pro Person 2)*
2–3	*ganze Knoblauchknollen*
	Olivenöl
	Meersalz
1 Bund	*Basilikum*
4 kleine Portionen	*rote Weintrauben*

Shiitakepilze eine Stunde zuvor in Sojasoße marinieren. Pilze in große, Zucchini in dünne Scheiben schneiden. Gelbe Tomaten vierteln. Die Rosmarinnadeln von den Zweigen entfernen, an der Spitze die Nadeln stehen lassen. Der Zweig wird nun als Spieß benutzt. Abwechselnd Pilze, Zucchini und Tomaten aufreihen. Alle fertigen Spieße auf ein Backblech legen und eine Stunde im Ofen bei 50–55 °C erwärmen. Bei dieser Temperatur bleiben alle Vitamine erhalten und das Gemüse ist schonend angegrillt. Währenddessen die geschälten Knoblauchzehen in einem Mörser mit wenig Olivenöl zu einer feinen Creme rühren (Kleinmixer geht auch). Am Schluss Salz dazugeben. Die Knoblauchcreme auf vier kleine Schalen verteilen und noch einige Tropfen Olivenöl und klein gehackte Rosmarinblätter darübergeben. Auf vier Teller kommen nun jeweils zwei Pilzspieße, ein paar Basilikumblätter und eine Portion rote Weintrauben. Dazu die kleinen Schalen Knoblauchcreme reichen.

BLUTORANGEN-CARPACCIO MIT MANDELEIS (NACHSPEISE)

4 Portionen

2 Tassen	*Mandeln (roh)*
1 Tasse	*Cashewkerne (roh)*
2 Tassen	*frisches junges Kokosnussfleisch (Kokosnuss im Asialaden kaufen)*
	frischer Saft der Kokosnuss
½–1 Tasse	*Wasser*
2 Prisen	*Vanillesamen*
2 EL	*Kokosfett*
½–1 Tasse	*Agavendicksaft (je nach Geschmack)*
1	*Blutorange*
2 TL	*Agavendicksaft*
2–3	*Navelorangen*
1 EL	*Mandelsplitter*

Mandeln und Cashewkerne über Nacht in Wasser einweichen oder wenigstens ein paar Stunden vor der Herstellung des Eises. Alle Zutaten außer 2 TL Agavendicksaft, Orangen und Mandelsplitter im Mixer ganz fein mixen. Die Konsistenz soll wie Sahne sein. Wenn nötig, etwas Wasser nachgießen. Die Nusssahne im Kühlschrank kalt werden lassen und dann in die Eismaschine geben. Das Eis sollte eine feste, aber noch cremige Konsistenz haben. Derweil den Saft der Blutorange auspressen und mit zwei Teelöffeln Agavendicksaft verrühren. Zur Seite stellen. Die Navelorangen schälen.

Die weiße Haut um das Fruchtfleisch völlig entfernen. Die Orangen in dünne Scheiben schneiden und in eine flache Schale legen. Den Saft der Blutorange darübergeben und etwa 10 Minuten marinieren lassen. Die Orangen auf vier Dessertteller verteilen, den Saft darüberträufeln. Einen großen Löffel Mandeleis dazugeben und alles mit den Mandelsplittern bestreuen.

Tipp: Es gibt schon kleine und sehr preiswerte Eismaschinen für etwa 25 Euro. So eine Anschaffung lohnt sich. Nachdem man einmal so ein frisches Eis gegessen hat, möchte man nicht mehr darauf verzichten und die Herstellung geht schnell und einfach. Man kann auch viele Variationen mit verschiedenen Nüssen ausprobieren. Auch Erdnüsse eignen sich oder etwas grüner Matcha-Tee, um Grüner-Tee-Eiscreme herzustellen. Der Fantasie sind letztlich keine Grenzen gesetzt. Soja-, Hirse-, Reis- und Hafermilch mit Früchten und Agavendicksaft gemischt oder mit Kakao sind eine gute vegane Alternative. Oder auch einfach mal ein Fruchtsorbet.

KÖSTLICHE CHAI-TRÜFFEL
(ZU TEE ODER KAFFEE)

CA. 20 TRÜFFEL

3 große EL	*Kokosbutter/Kokosöl*
3 große EL	*rohe Kakaobohnen (gemahlen)*
2 große EL	*rohe Kakaonibs*
3 TL	*Chai-Gewürz (aus dem Teeladen oder nach Geschmack mischen: Zimt-, Ingwer-, Kardamom-, Nelken-, Anispulver)*
3 große EL	*Agavendicksaft*
3 große EL	*zerkleinerte rohe Pinienkerne oder Mandeln*
	nach Bedarf noch getrocknete Gojibeeren oder Rosinen

Die bei Zimmertemperatur weich gewordene Kokosbutter und die rohen Kakaobohnen sowie Kakaonibs mit den anderen Zutaten zu einem gut durchmischten Brei rühren. In kleine, weiße Papierförmchen geben und für 30 Minuten in den Kühlschrank stellen. Noch besser: Anschließend 20 Minuten ins Eisfach geben. Dann servieren.

Tipp: Da rohe Kakaonibs und rohe Kakaobohnen schwer zu bekommen sind (Internet!), kann man entsprechend gutes Kakaopulver und geröstete Kakaobohnen verwenden. In diesen Zutaten sind auch noch einige der außerordentlich guten Inhaltsstoffe der Kakaobohne enthalten.

GARTENSALAT MIT KAKIFRÜCHTEN UND FEIGEN

4 Portionen

5–6 EL	*mildes Olivenöl*
½–1 TL	*körniger Senf*
1–2 TL	*Sojasoße*
Saft von ½	*Zitrone (nach Geschmack mehr oder weniger)*
1 EL	*fein geschnittene Frühlingszwiebeln*
	Salz / Pfeffer nach Bedarf
½ Kopf	*grüner Salat*
1 Kopf	*roter Eichblattsalat*
½ Kopf	*Friséesalat*
1 Handvoll	*Rucolablätter*
1 Handvoll	*Brunnenkresse*
1 Handvoll	*junger Spinat*
2–3	*Kakifrüchte*
6	*frische schwarze Feigen*
½ Tasse	*Pekannüsse*
1 Stück	*frische Meerrettichwurzel (oder aus dem Glas)*

Für die Vinaigrette Olivenöl, Senf, Sojasoße, Zitronensaft, Frühlingszwiebeln, Salz und Pfeffer gut verrühren. In einer Schüssel die gewaschenen und klein gezupften Salatblätter mischen. Die Kakifrüchte in zwei Hälften schneiden und dann vierteln. Die Viertel nochmals teilen. Die Feigen halbieren. Die Pekannüsse klein hacken. Die Hälfte der Früchte zu dem Salat geben und alles zusammen mit der Vinaigrette vorsichtig mischen. Den Salat auf vier Teller verteilen und die restlichen Fruchtteile darübergeben und mit den Pekannüssen bestreuen. Als Letztes mit einer Reibe etwas Meerrettich über den Salat reiben. (Vorsichtig, nicht zu viel). Die weiße Farbe gibt dem Salat ein frisches Aussehen und die Schärfe des Meerrettichs harmoniert mit den Früchten – der Meerrettich verleiht dem Salat eine ganz besondere Note!

Tipp: Sollten Kakifrüchte nicht erhältlich sein (meistens gibt es sie nur im Winter), kann man sie mit anderen Früchten gut ersetzen. Eine Sommerversion mit Erdbeeren – im Herbst Birnen – können wir auch empfehlen. Dann etwas mehr Rucola dazunehmen.

FAUX PARMESANKÄSE (AUF SALAT ODER SPAGHETTI)

1 Tasse	*Walnüsse und/oder Pinienkerne*
	frische Kräuter
1 TL	*Bierhefe*
einige Spritzer	*Zitronensaft*
1 großer TL	*Sojasoße*

Erst die Nüsse, dann den Rest im Mixer zusammen zerkleinern und auf frischen Salat oder Spaghetti geben.

THAI-SALAT

4 Portionen

1	*frische Thai-Kokosnuss*
1	*rote Zwiebel*
1 Tasse	*Champignons*
1	*rote Paprika*
½	*Ananas (oder Mango)*
¼ Kopf	*Rotkraut*

Thai-Kokosnuss öffnen, das frische Nusswasser im Glas auffangen. Das weiche Kokosfleisch in Streifen schneiden. Die Zwiebel in feine Streifen schneiden. Champignons in kleine Stücke schneiden. Rote Paprika halbieren, Kerne entfernen, dann beide Hälften vierteln und in Streifen schneiden. Die Ananas in kleine Stücke schneiden. Das Rotkraut in sehr dünne Streifen schneiden. Alles vorsichtig miteinander vermischen.

¾ Tasse	*frisches Kokosnusswasser*
	Saft einer Limone
1 EL	*Sojasoße*
1 Tasse	*rohe Erdnüsse*
1 kleines Stück	*frische rote Chilischote (Vorsicht!) oder eine Prise getrockneter Chili*
2 EL	*rohes Sesamöl*
Prise	*Meersalz*
Prise	*Rohrohrzucker*
1 Tasse	*Cashewkerne*
1 Bund	*Koriander*

Für die Salatsoße alle Zutaten außer Salz, Zucker und dem Sesamöl in einen Mixer geben,bis die Erdnüsse ganz fein sind und eine cremige Konsistenz erreicht ist. Dann das Sesamöl dazugeben und mit der Hand einmischen. Etwas Salz und Rohrohrzucker je nach Geschmack zugeben. Den Salat auf vier Teller verteilen und die Soße darübergeben. Die Cashewkerne hacken und darüberstreuen, anschließend den Koriander in klein gezupften Zweigen darüberlegen. Servieren.

VOM »ROECKLPLATZ« UND AUS DEM »CHARLIE«

VOM »ROECKLPLATZ«

GRIESSNOCKERLSUPPE

4 Portionen

BRÜHE

1	*Zwiebel*
150 g	*Sellerie*
150 g	*Karotten*
150 g	*Lauch*
200 g	*Tomaten*
	Zitronensaft
1 Prise	*brauner Rohrohrzucker*
	Salz

Zwiebel samt Schale halbieren, an den Schnittflächen in einer heißen Pfanne ohne Fett anbraten. Sellerie und Karotten schälen, je 100 g Sellerie, Karotten und Lauch grob würfeln, zusammen mit den Tomaten und den Zwiebelhälften in kaltem Wasser ansetzen, langsam zum Kochen bringen und eine halbe Stunde bei schwacher Hitze ziehen lassen. Die Brühe passieren und mit Zitronensaft, Zucker und Salz abschmecken. Aus dem restlichen Gemüse feine Streifen schneiden.

GRIESSNOCKERL

50 g	*gehärtete Pflanzenmargarine*
50 g	*Seidentofu*
	Salz
	Muskatnuss
75 g	*Weichweizengrieß*

Weiche Margarine mit zimmerwarmem Seidentofu verrühren, mit Salz und Muskatnuss würzen. Grieß dazugeben, die Masse gut verrühren und 30 Minuten quellen lassen. Mithilfe von zwei Teelöffeln glatte Nockerl aus dem Teig stechen, in gesalzenes kochendes Wasser einlegen, 5 Minuten sanft köcheln lassen, 15 Minuten ziehen lassen. Die Brühe in tiefe Teller füllen, Gemüsestreifen und Nockerl dazugeben.

WEISSE TOMATENSUPPE

4 Portionen

1,5 kg	*Tomaten*
8	*Lorbeerblätter*
10	*Wacholderbeeren*
300 ml	*Sojasahne*
1 TL	*Kartoffelstärke*
	Salz
1 Bund	*Basilikum*
	Brotcroûtons

Tomaten grob würfeln, mit Lorbeerblättern und Wacholderbeeren mixen. In einem Tuch über einer Schüssel mehrere Stunden passieren, um den Fond aufzufangen. Die gemixten Tomaten im Tuch für ein Tomatensugo (siehe unten) verwenden. Fond mit Sojasahne aufkochen, mit angerührter Stärke abbinden, mit Salz würzen. Basilikumblätter übereinanderlegen, dicht zusammenrollen und in kleine Streifen schneiden. Suppe mit Brotcroûtons und Basilikumchiffonade anrichten.

TOMATENSUGO

ca. 1 Liter

100 g	*Zwiebelwürfel*
4 EL	*Olivenöl*
	gemixte Tomaten aus dem Tuch (siehe Weiße Tomatensuppe)
	Salz / Pfeffer
1 Prise	*Rohrohrzucker*

Zwiebelwürfel in Olivenöl andünsten, gemixte Tomaten dazugeben und 30 Minuten köcheln lassen. Mit Salz, Pfeffer und Zucker würzen.

Tipp: Das Tomatensugo kann gut bevorratet werden. Im Kühlschrank hält es sich etwa 7 Tage, da das Olivenöl konserviert, eingeweckt hält es sich ca. 4–6 Monate.

TOFU-SHIITAKE-SPIESSE AUF SESAM-SPINAT-SALAT

4 Portionen

250 g	*Tofu natur*
	Öl zum Anbraten
1 EL	*Sojasoße*
8	*Shiitakepilze*
1	*Zucchini*
50 ml	*Olivenöl*
1 TL	*Sesamöl*
1 TL	*gerösteter Sesam*
Saft von 1	*Limette*
1 TL	*Rohrohrzucker*
	Salz
1 Handvoll	*Babyspinatblätter (gewaschen)*
4	*Holzspieße (5 cm lang)*

Den Tofu in Würfel schneiden und in Öl rundherum knusprig braten, das Öl abgießen und mit Sojasoße ablöschen. Die Stiele der Pilze entfernen, die Kappen ebenfalls in Öl braten und mit Sojasoße ablöschen. Die Zucchini der Länge nach in 2 mm dicke Scheiben schneiden. Nun zuerst die Zucchini und dann abwechselnd Tofu und Shiitakepilze aufspießen und die Zucchini wie ein gewelltes Band mitführen. Aus Olivenöl, Sesamöl, Sesam, Limettensaft, Zucker und Salz ein Dressing anrühren und den Spinat damit anmachen. Die Spieße zusammen mit dem Salat anrichten.

SPARGELSTANGEN IM KÖRNERMANTEL AUF KRÄUTERSALAT

4 Portionen

4 Stangen	*Spargel*
je 1 EL	*Sonnenblumen-, Pinien- und Kürbiskerne*
1 EL	*Semmelbrösel*
3 EL	*Mehl*
3 EL	*Sojasahne*
1 Handvoll	*Rucola*
1 Handvoll	*Babymangold*
etwas	*Kerbel, Petersilie, Sauerampfer*
3 EL	*Olivenöl*
1 EL	*Senf*
2 TL	*Balsamicoessig*
1 TL	*Zucker*
1 TL	*Agavendicksaft*
	Salz / Pfeffer
	Öl zum Anbraten

Spargel schälen und in Salzwasser (mit Schale) bissfest kochen. Spargel auskühlen lassen. Kerne langsam in einer Pfanne rösten und mit den Semmelbröseln mischen. Den Spargel in Mehl, Sojasahne und der Körnermischung panieren. Rucola, Mangold und Kräuter waschen und schleudern. Die restlichen Zutaten und 1 EL Wasser in ein Schraubglas füllen und schütteln, bis das Dressing bindet. Damit den Salat anmachen und anrichten. Die Spargelstangen in Öl ausbacken, salzen, jeweils in drei gleich große Teile schneiden und auf dem Salat anrichten.

LAUCH-SÜSSKARTOFFEL-QUICHE

4 Portionen

250 g	*Mehl*
170 g	*vegane Margarine*
350 g	*Seidentofu*
10 g	*Olivenöl*
150 g	*Süßkartoffeln*
2 Stangen	*Lauch*
	Salz
1 Messerspitze	*Koriander (gemahlen)*
	Muskatnuss
	frischer Koriander

Für den Teig Mehl, Margarine, 50 g Seidentofu und Olivenöl kalt miteinander verkneten, in Folie wickeln und 2 Stunden im Kühlschrank ruhen lassen. Für den Belag Süßkartoffeln schälen und würfeln, Lauch in kleine Stücke schneiden. Gemüse blanchieren und mit Salz würzen. Den restlichen Seidentofu mit 80 g der blanchierten Süßkartoffeln pürieren mit gemahlenem Koriander, Salz und Muskat würzen. Anschließend restliches Gemüse dazugeben. Mürbeteig auf bemehlter Arbeitsfläche zu einem Kreis ausrollen, in gefetteter Form (Tarteform oder Springform, 28 cm Ø) auslegen. Bei 165 °C Umluft (Gas: Stufe 2–3) 15 Minuten blindbacken. Tofu-Gemüse-Masse auf dem Teig verstreichen. Nochmals 20 Minuten backen. Mit frischem Koriander garnieren.

SPAGHETTI BOLOGNESE

4 Portionen

1	*mittelgroße Zwiebel*
¼	*Sellerieknolle*
2	*Karotten*
1	*kleine Zucchini*
1	*rote Paprika*
2 EL	*Olivenöl*
1–2	*Knoblauchzehen*
1	*kleine Chilischote*
1	*Thymianzweig*
	Salz / Pfeffer
2 Dosen	*gehackte Tomaten (800 g)*
	oder Tomatensugo (siehe Seite 127)
400 g	*Hartweizenspaghetti*
1 Bund	*Petersilie*

Zwiebel, Sellerie, Karotten schälen, zusammen mit dem restlichen Gemüse grob würfeln und in Olivenöl andünsten. Knoblauch schälen und klein schneiden. Knoblauch, Chilischote, Thymianzweig zum Gemüse geben und mitdünsten, bis das Gemüse bissfest ist. Dann das Gemüse durch die grobe Scheibe des Fleischwolfes lassen. Mit Salz und Pfeffer würzen. Mit Tomatensugo oder gehackten Tomaten auffüllen, alles aufkochen lassen. Parallel Spaghetti kochen, abgießen und mit Bolognese vermengen. Mit gehackter Petersilie garnieren.

GEBRATENE SOJAMEDAILLONS MIT RATATOUILLEGEMÜSE & SÜSSKARTOFFELFRITTEN

4 Portionen

ca. 20	*Sojamedaillons*
	Brühe
5 EL	*Sojasoße*
1 EL	*Senf*
1 TL	*Sambal Oelek (vegan)*
800 g	*gemischtes Gemüse (Aubergine/Zucchini/rote Paprika)*
	Olivenöl zum Braten und Frittieren
2	*Knoblauchzehen*
1	*kleine rote Zwiebel*
je 1 Zweig	*Thymian und Rosmarin*
	Salz
12	*Kirschtomaten*
2	*große Süßkartoffeln*
1 EL	*Kartoffelstärke*

Sojamedaillons in heißer Brühe etwa 10 Minuten einweichen, dann herausnehmen, auspressen und mit Sojasoße, Senf und Sambal Oelek marinieren. Gemüse würfeln und in Olivenöl anbraten. Knoblauch schälen und in feine Scheiben schneiden, Zwiebel schälen und in Würfel schneiden und beides zum Gemüse geben. Thymian und Rosmarinzweig kurz mit durchschwenken und wieder entfernen, mit Salz abschmecken, Kirschtomaten vierteln und zum Schluss dazugeben. Sojamedaillons parallel in Olivenöl beidseitig anbraten. Für die Süßkartoffelfritten die Süßkartoffeln schälen und in gleichmäßige, dünne Stifte schneiden. Kartoffelstärke in eine Schüssel geben, Süßkartoffelstifte darin schwenken, bis die Oberflächen mit Stärke bedeckt sind. Süßkartoffeln in heißem Olivenöl frittieren, dann kurz abtropfen lassen und salzen.

SELLERIE-CORDON-BLEU MIT KARTOFFEL-GURKEN-SALAT

4 Portionen

500 g	*Knollensellerie*
1	*Birne*
200 g	*Räuchertofu*
	Salz
1 kg	*vorwiegend festkochende Kartoffeln*
1	*weiße Zwiebel*
2 EL	*Öl zum Braten*
150 ml	*Essig naturtrüb*
200 ml	*Apfelsaft, naturtrüb*
200 ml	*Rapsöl*
	mittelscharfer Senf
1	*Salatgurke*
	Petersilie (gehackt)
	Pfeffer
150 g	*Frischkäsealternative oder vegane Mayonnaise*
1 TL	*Kapern*
5	*Cornichons*
2 EL	*Preiselbeeren*
ca. 100 g	*Mehl*
ca. 150 g	*frische Semmelbrösel*
	Sojasahne

Knollensellerie schälen und in acht etwa 0,5 cm dicke Scheiben schneiden, von der Birne acht dünne Scheiben abschneiden, Räuchertofu ebenfalls in acht dünne Scheiben schneiden.
In kochendem Wasser zunächst die Selleriescheiben ca. 1 Minute blanchieren, abseihen und abschrecken, dann trocken tupfen und salzen.
Danach auch die Birnenscheiben sehr kurz blanchieren.
Kartoffeln schälen und in gesalzenem Wasser weich kochen, abgießen, etwas ausdampfen lassen und in Scheiben schneiden.
Die Zwiebel schälen, würfeln und in 2 EL Öl andünsten, dann zu den Kartoffelscheiben geben. Aus Essig, Apfelsaft, Rapsöl, mittelscharfem Senf und Salz ein Dressing herstellen und über die noch lauwarmen Kartoffelscheiben geben.
Salatgurke schälen, halbieren, in dünne Scheiben schneiden, zusammen mit der Hälfte der gehackten Petersilie unter den Kartoffelsalat heben und mit Salz und Pfeffer abschmecken.
Aus 100 g Frischkäsealternative, restlicher gehackter Petersilie, gehackten Kapern, gewürfelten Cornichons, Salz und Pfeffer eine Remouladensoße herstellen.
Die restliche Frischkäsealternative mit Preiselbeeren verrühren und die Selleriescheiben damit bestreichen.
Je eine Scheibe Sellerie mit einer Scheibe Räuchertofu und einer Scheibe Birne belegen, als Letztes noch eine weitere Selleriescheibe mit dem Preiselbeerschmand nach unten darauflegen.
Je eine Schale mit Mehl und Semmelbröseln bereitstellen, in einer dritte Schale Sojasahne mit grobem Senf verquirlen.
Sellerie-Cordon-bleus erst in Mehl, dann in der Senf-Sojasahne und in den Bröseln wenden, auch die Schnittkanten sollten paniert sein.
Sellerie-Cordon-bleus in Pflanzenöl ausbacken und zusammen mit dem Kartoffelsalat und der Remoulade servieren.

MANGO-ERDNUSS-STRUDEL AUF BANANEN-MARACUJA-KOMPOTT

4 Portionen

2	*frische Mangos*
1	*Limette*
160 g	*Rohrohrzucker*
5 g	*Stärkemehl*
80 g	*Erdnüsse (geröstet, gehackt)*
4	*Maracujas*
1	*große Banane*
4 Blätter	*Frühlingsrollenteig*
	Öl zum Frittieren

Mangos schälen, vom Kern lösen und würfeln. Die Schale der Limette abreiben und den Saft auspressen. Limettensaft, Abrieb und 80 g Zucker aufkochen und mit der Stärke abbinden, Mangowürfel und Nüsse zugeben (Mischung muss sehr dick sein!) auskühlen lassen. Inzwischen die Maracujas halbieren, aushöhlen und das Mark mit 80 g Zucker mischen. Die Banane schälen, halbieren und schräg in Scheiben schneiden. Diese unter das Maracujamark rühren. Die erkaltete Mangomasse in Frühlingsrollenteigblätter füllen, die Ränder mit einer Mischung aus Stärke und Wasser einstreichen, zudrücken und bei 170 °C etwa 5 Minuten frittieren. Auf dem Bananen-Maracuja-Kompott anrichten.

KOKOS-MILCHREIS-BÄLLCHEN AUF RHABARBER-ERDBEER-GESCHNETZELTEM

4 Portionen

80 g Milchreis
250 ml Kokosmilch
280 g Rohrohrzucker
150 g Rhabarber
1 Vanilleschote
150 g Erdbeeren
50 g Kokosflocken
Öl zum Frittieren

Aus Reis, Kokosmilch und 80 g Zucker einen weichen Milchreis kochen und diesen abkühlen lassen. In der Zwischenzeit den Rhabarber waschen, trocknen und quer in dünne Scheiben schneiden (ca. 5 mm). Den restlichen Zucker mit 70 ml Wasser und der ausgekratzten Vanilleschote aufkochen, bis sich große Blasen bilden. Rhabarber einrühren, kurz aufkochen und durchziehen lassen. Die Erdbeeren entkelchen, in Stücke schneiden und unter die warme Rhabarbermasse rühren. Nun den Milchreis zu Bällchen formen, mit Wasser benetzen und in Kokosflocken wälzen. Die Bällchen 2 Minuten in heißem Öl ausbacken und auf dem Kompott anrichten.

AUS DEM »CHARLIE«

GURKENSALAT

4 Portionen

2	*Gurken*
2 TL	*Rohrohrzucker*
Saft von 1	*Limette*
4 EL	*vegane Nuoc Mâm Chay*
	Salz
2 EL	*frischer Koriander (gehackt)*
2 EL	*weißer Sesam (geröstet)*

Gurken ganz oder streifenweise schälen, in der Mitte durchschneiden, längs halbieren und Kerne mit einem Löffel auskratzen. Die Gurke dann entweder quer in 2 mm dicke Streifen oder längs in 5 cm lange Streifen schneiden. Gurkenstücke in eine Schüssel geben, mit Zucker, Limettensaft, Nuoc Mâm Chay und Salz nach Geschmack würzen. Entscheidend ist eine gute Balance zwischen Säure, Salz und Süße. Fein gehackten Koriander und gerösteten Sesam untermischen.

MANGOSALAT – GOI XOAI

4 Portionen

3	*grüne, unreife Mangos*
1–2	*grüne Äpfel*
Saft von 2	*Limetten*
2 TL	*Rohrohrzucker*
4 TL	*vegane Nuoc Mâm Chay (siehe Seite 149)*
10 Blätter	*Polygonum*
	Röstzwiebeln oder Erdnüsse (gehackt und gesalzen)

Mangos schälen und in feine Stifte (1–2 mm Breite, 5–6 cm Länge) schneiden. Äpfel schälen, entkernen und ebenfalls in feine Stifte Schneiden. Nach dem Schneiden die Äpfel mit etwas Limettensaft vermengen, dann laufen sie nicht braun an. Mango- und Apfelstifte in eine Schüssel geben. Mit Zucker, dem restlichen Limettensaft und Nuoc Mâm Chay abschmecken. Entscheidend ist eine gute Balance zwischen Säure, Salz und Süße. Hierbei kommt es auf die Reife der Mangos an. Die Polygonumblätter zusammenrollen und in feinste Streifen schneiden. Untermischen. Den Salat in Schüsseln geben und mit knsuprigen Röstzwiebeln oder gehackten Erdnüssen garnieren.

Tipp: Vorsicht, Polygonum hat einen sehr intensiven Geschmack, deshalb Menge nur langsam steigern.

GEMÜSESUPPE – PHO CHAY

4 Portionen

1 mittelgroßer	*Rettich*
1	*Kohlrabi*
4	*Karotten*
3	*Kartoffeln geschält*
8	*Shiitakepilze (ca. 35 g)*
1 Stück	*Ingwer (ca. 50 g)*
	Salz
2 EL	*Rohrohrzucker*
	helle Sojasoße
400 g	*Tofu*
3–4 EL	*Erdnussöl zum Braten*
300 g	*breite Reisnudeln (3 mm)*
je 1	*rote und weiße Zwiebel*
2	*Frühlingszwiebeln*
	frischer Koriander
1	*Limette*
120 g	*Sojasprossen*
	Frische Kräuter: Koriander, vietnamesischer Koriander, Thaibasilikum

4 l Wasser aufkochen. Rettich, Kohlrabi, Karotten grob schneiden (ca. 5 cm große Würfel) und mit den ganzen, geschälten Kartoffeln ins Wasser geben. Insgesamt 8 Stunden bei sehr niedriger Temperatur simmern lassen. Die Suppe kann auch mehrere Stunden (z. B. über Nacht) stehen bleiben und danach wieder angewärmt werden. Die Brühe danach abseihen. Shiitakepilze in warmem Wasser 20 Minuten lang einweichen. Danach mit kaltem Wasser abwaschen. Pilze in die heiße Brühe geben. Wer möchte, kann die Pilze auch in Streifen schneiden und als Einlage in der Brühe lassen. Die geschälte Ingwerknolle mit einem Messerrücken oder der Hand anquetschen und in die Brühe geben, 30 Minuten ziehen lassen. Die Suppe mit Salz, Zucker und heller Sojasoße abschmecken. Tofu in breite Streifen schneiden und in Erdnussöl in einer Teflonpfanne bei hoher Temperatur goldbraun braten. Reisnudeln in warmem Wasser einweichen, dann in ein Sieb legen und kurz (20 Sekunden) in kochendes Wasser tauchen. Nudeln auf vier große Schalen verteilen, auf die Nudeln jeweils eine sehr dünn geschnittene Scheibe rote und weiße Zwiebel, ein Viertel klein gehackte Frühlingszwiebel und gehackten Koriander legen. Gebratenen Tofu hinzufügen. Mit der sehr heißen Brühe übergießen. Die Suppe mit je einem Viertel Limette, Sojasprossen, frischen Kräutern (Koriander, vietnamesischer Koriander, Thaibasilikum im Ganzen) garnieren. Bei Bedarf helle Sojasoße zugeben.

Tipp: Wer möchte, kann die Brühe zusätzlich mit 2 Nüssen Kardamom, 1 Zimtstange und/oder 1 Sternanis aromatisieren. Am besten gibt man die zuvor im Ofen angerösteten Gewürze (ca. 10 Minuten, 200 °C) in ein Teesieb und lässt sie 30 Minuten mitziehen.

FRÜHLINGSROLLEN CHA GIO CHAY

8 Stück

80 g	*gelbe Mungobohnen (geschält)*
30 g	*Mu-Err-Pilze*
200 g	*Karotten*
1	*große Zwiebel*
400 g	*Weißkohl*
	Salz / weißer Pfeffer
	helle Sojasoße
	Rohrohrzucker
8 Stück	*Reispapier, Durchmesser 22 cm*
	Erdnussöl zum Frittieren
8	*große Salatblätter*
je ein Bund	*frischer Koriander, Minze, Perilla*
	vegane Nuoc Mâm Chay (siehe Seite 149)

Mungobohnen in einen Topf geben, mit Wasser bedecken und kurz aufkochen. Dann den Deckel auflegen, von der Herdplatte nehmen und 30 Minuten quellen lassen. Mu-Err-Pilze in warmem Wasser für 30 Minuten einweichen. Karotten und Zwiebel schälen, Gemüse und Pilze in sehr feine Streifen schneiden. Mit Salz, Pfeffer, Sojasoße und Zucker abschmecken. Die Mischung darf sehr würzig schmecken. Alles gut vermengen und durchkneten. Reispapier jeweils kurz in Wasser (oder noch besser Bier für mehr Knusprigkeit) tauchen und auf ein feuchtes Küchentuch legen. Je ⅛ der Füllung auf das untere Drittel des Reispapiers legen, an den Seiten je 3 cm Platz lassen Von unten das Reispapier über die Füllung heben, mit etwas Druck eine Dreiviertelumdrehung anrollen, Ränder überschlagen und mit Zug fertigrollen. Danach die Rollen in Erdnussöl ausbacken, bis der Teig kleine Blasen wirft und goldbraun ist. Auf Küchenkrepp abtropfen lassen. Die Frühlingsrollen auf je einem Salatblatt und nach Geschmack den frischen Kräutern einrollen und in der veganen Nuoc Mâm Chay dippen.

Tipp: In der Originalvariante lässt man die Frühlingsrollen nach dem ersten Frittieren auf Küchenpapier auskühlen und bis zu einem Tag unabgedeckt stehen. Danach werden sie nochmals ausgebacken.

NUOC MAM CHAY

CA. 120 ML

- 2–3 *Chilischoten*
- 2–3 *Knoblauchzehen*
- ½ *Peperoni (nach Geschmack)*
- 2 TL *Reisessig (10 %)*
- 3 TL *Zucker*
- 3 EL *Limettensaft*
- 5 EL *helle Sojasoße*

Chilischoten klein schneiden, Knoblauch schälen und sehr fein würfeln oder mit einer Presse zerdrücken. Alle Zutaten in einen Messbecher geben, mit warmem Wasser auf 120 ml auffüllen und alles gut vermengen.

WAN TAN CHAY – HOANH TANH

4 Portionen

30 g	*Mungobohnen, geschält*
35 g	*getrocknete Shiitakepilze*
1	*Kohlrabi*
150 g	*Karotten*
50 g	*Wasserkastanien*
20 g	*Ingwer*
1	*Frühlingszwiebel*
	Pfeffer / Salz
	Sesamöl
	Szechuanpfeffer (nach Wahl)
	Wan-Tan-Blätter aus dem Asialaden
	Erdnussöl zum Ausbacken
	vegane Nuoc Mâm Chay (siehe Seite 149)

Für die Füllung Mungobohnen in einen Topf geben, mit Wasser bedecken und kurz aufkochen. Danach den Deckel auflegen, von der Herdplatte nehmen und 30 Minuten quellen lassen. Shiitakepilze für 30 Minuten in heißem Wasser einweichen, danach unter fließendem Wasser abwaschen. Kohlrabi und Karotten schälen. Zusammen mit ⅔ der Mungobohnen, den Pilzen, dem Ingwer und den Frühlingszwiebeln extrem klein würfeln, oder maschinell zerhacken. Vorsicht, dass kein Brei entsteht – die Füllung soll noch etwas Struktur haben. Die Mischung soll fest sein, bei Bedarf mit den restlichen Mungobohnen und/oder etwas Mehl noch weiter andicken. Mit Pfeffer, Salz und ein paar Tropfen Sesamöl abschmecken. Nach Geschmack auch gemörserten Szechuanpfeffer hinzugeben. Wan-Tan-Blätter auslegen und in die Mitte der Teigplatte jeweils einen Teelöffel Füllung geben. Das Blatt einmal zusammenfalten, sodass ein Dreieck entsteht. Dann die äußeren zwei Ecken nochmals zusammendrücken und übereinanderschlagen. Die Wan Tan in Erdnussöl goldbraun ausbacken und auf Küchenkrepp abtropfen lassen und mit veganer Nuoc Mâm Chay servieren.

Tipp: Etwas Wasser auf den Fingerspitzen hilft beim »Kleben«.

REISNUDELSCHALE – BUN CHAY

4 PORTIONEN

½ Kopf Eisbergsalat
Kräuter (Melisse, Thaibasilikum, und Perilla; optional Koriander, Minze und vietnamesischer Koriander)
½ Gurke
400 g Vermicelli (Reisnudeln)
2 EL Weißweinessig
120 g Sojasprossen
vegane Nuoc Mâm Chay (siehe Seite 149)
4 EL Erdnüsse (geröstet, gehackt)
8 Frühlingsrollen (siehe Seite 148)

Eisbergsalat in sehr feine Streifen scheiden. Kräutermischung grob hacken – sie sollte etwa ein Drittel der Salatmenge ausmachen. Unter den Salat mischen. Gurke schälen, entkernen und längs in 2 x 2 mm dicke und 5 cm lange Streifen schneiden. Vermicelli 20 Minuten in kaltem Wasser einweichen. 4 l Wasser zum Kochen bringen und Weißweinessig hinzugeben. Eingeweichte Nudeln in einem Sieb in das kochende Wasser geben und 30 Sekunden kochen, danach unter kaltem fließenden Wasser so lange auswaschen, bis keine weiße Stärke mehr ausläuft. Dann nochmals kurz im kochenden Wasser erhitzen, abtropfen lassen. Nudeln auf vier große Schalen verteilen, Salat-Kräuter-Mischung, Gurke, Sojasprossen und vegane Nuoc Mâm Chay als Dressing darübergeben. Erst vor dem Essen gut durchmischen. Mit gehackten, gerösteten Erdnüssen garnieren. Dazu je zwei goldbraun gebratene und in jeweils vier Scheiben geschnittene Frühlingsrollen darübergeben.

CURRY CARI CHAY

4 Portionen

4	*Kartoffeln*
4	*Karotten*
2	*Süßkartoffeln*
	Erdnussöl zum Braten und Frittieren
2	*Kefirblätter*
1 Stück	*Ingwer (daumennagelgroß)*
	Chilischote (nach Wahl)
8 EL	*rote Currypaste*
400 ml	*Kokosmilch*
400 g	*Tofu natur*
2	*Austernpilze*
1 Bund	*Frühlingszwiebeln*
	Thaibasilikum

Kartoffeln, Karotten und Süßkartoffeln schälen, in mundgerechte Stücke schneiden und nacheinander in Erdnussöl frittieren. Die Kartoffeln benötigen am längsten. Das Gemüse soll noch Biss haben. Auf Küchenkrepp abtropfen lassen.
Kefirblätter in dünne Streifen schneiden. Ingwer schälen und fein reiben. In einer Pfanne einen Teelöffel Erdnussöl erhitzen, Kefirblätter, Ingwer und nach Geschmack noch Chili zum Öl zugeben. Mit roter Currypaste unter Rühren bei mittlerer Hitze ca. 2 Minuten anrösten. Kokosmilch zugeben und aufkochen lassen.
Tofu in dicke Streifen schneiden. In einer Teflonpfanne mit etwas Erdnussöl bei hoher Temperatur goldbraun braten.
Gemüse und Tofu zum Curry geben. Gemüse zum gewünschten Gargrad nach Geschmack weiterkochen. In feine Streifen gezupfte Austernpilze hinzugeben und ebenfalls kurz mit kochen.
Curry in Schalen verteilen und mit fein geschnittenen Frühlingszwiebeln und etwas fein geschnittenem Thaibasilikum garnieren. Mit Reis servieren.

Tipp: Die Grundpaste hält sich auch gut im Kühlschrank.

TEXTBEITRÄGE VON

HILAL SEZGIN

MICHI KERN

SHARON GANNON

NEUE FORMEN DES GENIESSENS

HILAL SEZGIN ÜBER DEN (UN)SINN VON MASSENTIERHALTUNG

Das Wort »Massentierhaltung« hat für die meisten Verbraucher einen schlechten Klang. Schließlich gibt es kaum jemanden, der noch keine Zeitungsberichte über die Missstände in unseren Ställen gelesen hat; kaum jemanden, der nicht die Fernsehaufnahmen kennt von Hühnern, die einander die Federn ausreißen (Federpicken); Puten, die sich wegen des schnellen Wachstums nicht mehr auf den eigenen Beinen halten können und vornüberkippen (Brustblasenentzündung); Kälbern, die fernab ihrer Mütter in Plastikboxen stehen (Kälberiglu); Säuen, die sich nicht einmal um die eigene Achse drehen können (Ferkelschutzkorb); und »überzähligen« Ferkeln, die in den ersten Lebenstagen erschlagen werden. Von den brachialen Schlachtszenen ganz zu schweigen.

Und es gibt auch kaum jemanden, der dann nicht versucht ist, den TV-Sender zu wechseln, weil man solche Bilder schwer ertragen kann. Man muss kein ausgesprochener Tierfreund sein, man muss Tiere nicht generell »lieben«, um zu merken, dass da entsetzlich viel menschengemachtes Leid ist. Irgendwie ist das doch nicht in Ordnung ...?

Doch wir ziehen erstaunlich wenige Konsequenzen aus dem, was wir ja längst über die industrielle Tierhaltung wissen. Manchmal wechseln wir die Marke, kaufen Eier von anderen »glücklichen« Hühnern und nicht mehr von denen, deren Unglück im jüngsten Skandal enthüllt wurde – wohl wissend, dass auch diese neuen »glücklichen« Hennen in Wahrheit unglückliche Tiere sind. Manche nehmen sich vor, nur noch Produkte aus Bio-Tierhaltung zu kaufen – aber mal ehrlich: Wer praktiziert das wirklich konsequent? Auch bei Wurst und Schinken, bei jedem Joghurt, jeder Käsepizza, im Restaurant und in der Kantine? Und wer hat jemals die Bestimmungen zur Bio-Haltung durchgelesen? Auch bei »bio« steht den Tieren nur geringfügig mehr Platz zu als in der konventionellen Tierhaltung. Das sind nicht idyllische kleine Bauernhöfe mit einer Großmutter, die Körner in ihrer Schürze trägt und diese an fröhlich herumwuselnde Hühner verfüttert. Auch »bio« wird in Massen produziert; die Züchtungen sind meist dieselben, die Produktionsschritte, die Transportwege und der Tod.

In Bio-Ställen dürfen bis zu 3.000 Hühner gehalten werden; auch bei Bio-Freilandhaltung ist Federpicken Normalität, auch Bio-Puten hacken einander die schlimmsten Wunden. Ein »Freilauf« für Schweine hat Betonboden, die Tiere können ihr Futter nicht selbst erwühlen; auch Bio-Säuen können keine Nester für ihre Ferkel anlegen, und für Bio-Milch werden die Kälber, außer in ganz wenigen Versuchsprojekten, von den Müttern getrennt. Rinder, Schweine, Puten, Hühner – sie werden alle künstlich besamt; so beginnt ihr Leben. Und es endet damit, dass sie lange, bevor sie alt sind, fast ausnahmslos in ganz normalen, industriellen Schlachthöfen geschlachtet werden.

Und egal, wie viele Label für »Tierwohl« oder »bio« und »Freiland« wir noch entwickeln werden, um unser Gewissen zu beruhigen, die unangenehme Wahrheit bleibt bestehen: Die einzige Möglichkeit, um alle Mitglieder einer Industriegesellschaft mit Fleisch, Milch und Eiern zu versorgen, ist eben eine rationalisierte, auf Effizienz organisierte, industrialisierte Tierhaltung. Die Industriegesellschaft ist stark arbeitsteilig organisiert; waren in früheren Zeiten der Menschheit und noch bis in die frühe Neuzeit 95 Prozent der Bevölkerung Bauern, müssen in den Industrieländern heute 1,6 Prozent der Erwerbstätigen die gesamte Nahrung für alle herstellen. Noch im Jahr 1900 erzeugte ein Landwirt mit seiner Arbeit Nahrungsmittel für etwa vier Menschen, 1960 waren es 17 Menschen und heute sind es sogar 133. Diese Leistungssteigerung ließ sich nur durch den technologischen Umbau und die Industrialisierung der Landwirtschaft erreichen – das geht auch zulasten der Tiere.

Massentierhaltung ist daher nicht das Böse außer der Reihe, nicht ein Ausrutscher, nicht ein Produkt einiger gewinnsüchtiger Landwirte; Massentierhaltung ist einfach die Konsequenz daraus, dass wir massenhaft Menschen sind, die massenhafte tierische Produkte verzehren wollen. Der Fehler steckt sozusagen im System.

Wir nehmen Kühen nach der Geburt die Kälber weg und ziehen diesen »Antisaugringe« durch die Nase, damit sie nicht versuchen, überall an etwas zu saugen; wir sperren die Säue so ein, dass sie sich nicht mal nach ihren Ferkeln umdrehen können, und nehmen auch diese schon nach drei bis vier Wochen von der Zitze. Wir machen es Hühnern unmöglich, nach Futter zu scharren und Sandbäder zu nehmen, Schweinen, sich im Matsch zu suhlen und die Erde umzuwühlen. Wir besamen sämtliche Rinder, Schweine, Hühner und Puten künstlich; stimulieren ihre Empfängnisbereitschaft und Geburt oft mit Hormonen; züchten sie so, dass ihre Körper mit dem überproportionalen Wachstum und der unfreiwilligen »Leistung« nicht mitkommen. Etwa 30 Prozent der Milchkühe leiden nach der Geburt des Kalbes unter chronischer Mastitis und etwa ebenso viele unter dem sogenannten Milchfieber. Sie müssen heute ja bis zu fünf Mal mehr Milch pro Tag geben, als ein Kalb benötigen würde; so viel Calcium und Phosphor und Eiweiß zu produzieren, überlastet Skelett und Stoffwechsel der Kuh.

Am Ende dieser industriell geregelten und genutzten Leben steht der industrielle Tod, dem in vielen Fällen eine Betäubung vorausgeht, die nicht wirklich betäubt, sodass diese Tiere bei vollem Bewusstsein die Schlachtung erleben; doch auch diese Handgriffe »sitzen« oft nicht, die unterbezahlten Arbeiter der Schlachtfabriken arbeiten im Akkord, weswegen rund 500.000 Schweine nicht richtig abgestochen sind und dann im siedend heißen Brühbad wieder aufwachen und qualvoll ertrinken.

Glaubt wirklich irgendjemand, den Tieren mache der Tod nichts aus? Auch wenn sie ihn nicht so qualvoll mitbekämen, und auch wenn sie bis dahin wirklich »glücklich« gelebt hätten? Selbst wenn man davon ausgeht, dass Tiere nicht ihre Zukunft planen und dass sie Begriffe wie »morgen« oder »nächstes Jahr« nicht kennen – was der Tod ist, wissen sie. Sie scheuen ihn. Noch im Schlachthof kämpfen Tiere bis zum letzten Atemzug mit aller Kraft und voller Angst gegen den Tod an. Mit Kunststoffbrettern und Elektropaddeln müssen Schweine in die Transporter getrieben werden; noch in der Betäubungsgondel springen sie panisch auf und ab, wenn sie spüren, wie das Kohlendioxid ihre Lungen flutet.

Die Evolution hat schon dafür gesorgt, dass der (Über-)Lebensimpuls so stark ist. Tiere fürchten und fliehen kaum etwas so »wie den Tod«. Das Leben ist ein essenzielles Gut aller empfindungsfähigen Lebewesen. Ebenso wie wir Menschen hängen Tiere an ihrem Leben. Und wenn uns Moral über eines sicher belehren kann, dann darüber: Wir dürfen Leben nicht ohne Not nehmen.

Und im Grunde ist »Schlachtung« ja auch nur ein Euphemismus: Eine Schlachtung ist schlicht und einfach eine gewaltsame Tötung. Aus Sicht der Nutztiere, aber auch vieler Tiere in Wäldern und Meeren, erwartet sie fast überall, wo sie mit Menschen zusammentreffen, Gewalt. Allerdings nennen wir sie bisher meist nicht so. Wir sprechen zwar von Gewalt gegen Menschen und dass es den Ausdruck »Gewalt gegen Sachen« gibt; aber »Gewalt gegen Tiere« gibt es in unserer Sprache und unserem Denken nicht. Menschen zusammenzuschlagen ist selbstverständlich Gewalt. Autos abzufackeln nennen wir auch Gewalt. Das »außerplanmäßige« Zufügen von Schmerz nennen wir Tierquälerei – aber was ist mit all den täglichen physischen Verletzungen und Tötungen, zum Beispiel dem Schlachten? Das Zusammentreiben und physische Niederzwingen von Tieren, das Fixieren von Schweinen und Kühen zwecks Besamung – ist das nicht Gewalt? Zudem wird Gewalt gegen Menschen als erklärungsbedürftig und potenziell pathologisch angesehen. Da muss doch irgendwas an dem Menschen »nicht stimmen«, vermuten wir, wenn er immer wieder anderen Gewalt antut. Aber Gewalt gegen Tiere – die wir wie gesagt gar nicht so benennen – halten wir für normal. Die Gewalt gegen Tiere ist überall, und meist ist sie sogar institutionalisiert und legalisiert. Dabei sind wir doch eigentlich eine Gesellschaft, die physische Gewalt, zumal gegen Schwächere, Unterlegene, Abhängige, als verwerflich ansieht.

Gewalt ist in einer zivilisierten Gesellschaft rechtfertigungsbedürftig. In einer zivilisierten Gesellschaft ist Gewalt der Idee nach so weit gebannt, dass sie sozusagen nur als Korrekturmaßnahme oder im Notfall vorkommen darf. Gewalt gegen Tiere wiederum ist nicht nur erlaubt, sondern sogar institutionalisiert. Ein riesiger Wirtschafts-, Technik- und Wissenschaftsapparat beschäftigt sich damit, wie man aus Tieren noch gewinnbringender Nahrungsmittel erzeugen kann. Wir Bürger subventionieren die Tierhaltung und teils sogar den Bau von Großschlachtereien, wir bauen Straßen und Kläranlagen aus, um den An- und Abtransport von Futtermitteln und Gülle zu regulieren, die längst nicht mehr von gesunden Böden aufgenommen werden kann. Wir beschäftigen an Universitäten und landwirtschaftlichen Forschungsanstalten Menschen dafür, dass sie Metallketten zu Schweinespielzeug umfunktionieren, dass sie ausmessen, wie stark die Skelettschmerzen verzüchteter Masthühner sind oder dass sie Kühen ein Loch in den Bauch operieren, damit man ihre Verdauungsvorgänge von außen besser manipulieren kann. Wollen wir eine solche gewalttätige Gesellschaft sein? In der wir Kindern Bilderbücher über Heile-Welt-Bauernhöfe zeigen, weil wir den Kindern die Wahrheit über die Herkunft ihres Essens nicht zumuten können? Weil sogar Thriller- und Actionfilm-gestählte Erwachsene abends oft den Fernsehsender wechseln, wenn ein schier unerträglicher Bericht über Schweine- oder Putenmast kommt?

Wenn man nicht nur auf Schreckensmeldungen reagiert, sondern vorausschauende, bewusste Konsumentscheidungen trifft, ist es ermutigend zu erleben, dass man auch in einer ziemlich entfremdeten Welt doch einiges Relevante frei entscheiden kann. Ich muss nicht alles kaufen, was mir die Supermarktregale anbieten; ich brauche nicht alles, was mir die Werbung anpreist. Wir leben zwar in einer stark arbeitsteiligen, sehr verflochtenen Welt mit einer geradezu undurchschaubaren und teils ziemlich gruseligen Wirtschaft; aber wir können auch einen Teil der Verantwortung, die wir in der »langen Kette« der Nahrungsmittelproduktion abgegeben haben, wieder für uns reklamieren. Zumal die meisten veganen Lebensmittel nicht annähernd so kompliziert hergestellt und industriell produziert sind. Den meisten von ihnen sieht man – anders als dem Hackfleisch, der Wurst, der Lasagne – an, woraus sie bestehen. Eine Aubergine ist eine Aubergine. Das Zeug auf der Salamipizza kann alles sein.

Viele Menschen haben Angst vor dem mit dem Veganismus einhergehenden »Verzicht« – als ob wir nicht ständig auf eine bestimmte Sache verzichten müssten, um eine andere zu gewinnen. Andauernd entscheiden wir uns, wenn wir uns für etwas entscheiden, auch gegen etwas anderes – und hoffen eben, dass es das wert ist! Ebenso ist Veganismus nicht bloß Verzicht, zum Beispiel lernt man neue Arten des Kochens und Genießens. Und es fühlt sich gut an, die Komplizenschaft mit diesem System von Tierausbeutung zumindest weitgehend hinter sich zu lassen: das vage schlechte Gewissen, weil man weiß, dass die niedrigen Fleischpreise irgendwo ihre Ursache haben; die Beklemmung, wenn Bilder aus Massentierhaltung im Fernsehen kommen; die Ahnung, dass man gewisse Dinge nicht ganz zu Ende denkt, die aber buchstäblich in der eigenen Küche enden.

Kritische Konsumenten erkennen, dass der Markt zu einem großen Teil unser Leben bestimmt und dass das Private auch hier politisch ist; dass der Markt mitbestimmt, was wir essen, kaufen, wovon wir träumen, was sich gut anfühlt, wer wir sind. Kritische Konsumenten erkennen, dass es nötig und möglich ist, hier Macht über das eigene Leben zurückzugewinnen. In leicht marxistisch gefärbter Terminologie gesagt: Der Kapitalismus produziert eben nicht nur Waren, er produziert auch Bedürfnisse. Und Seinsweisen. Die aber können wir teilweise ändern: Echte Männer müssen nicht am Grill stehen und Steaks wenden, und Mutterliebe definiert sich nicht über das Austeilen von *Kinder Pingui* oder *Toffifee*. Erotik besteht nicht darin, dass wir uns mit einem Milcheis in der Badewanne rekeln, und es ist nicht Höhepunkt sommerlicher Ausflüge, Wurstbrote oder in Plastik verschweißte Fleischsalate zu verzehren.

Um eine weniger gewalttätige Gesellschaft zu schaffen, müssen wir also neue Formen des Produzierens, des Konsumierens, auch des Genießens finden. In manchen Bereichen wirken die Konsequenzen auf den ersten Blick ganz schön radikal. Doch viele Konsequenzen scheinen ja nur so radikal, weil wir in den letzten Jahrtausenden, verschärft (industrialisiert/systematisiert) dann in den letzten Jahrhunderten ein sehr umfassendes, sehr engmaschiges und sehr grausames System der Tierbenutzung entwickelt haben –

und dazu jede Menge rationalisierender, ideologisierender und psychologischer Rechtfertigungen, die vieles normal erscheinen lassen, was diese Bezeichnung nicht verdient. Und in einem Ausmaß, das schier unbegreiflich ist.

Weltweit haben wir im Jahr 2011 laut UN-Statistik 65 Milliarden und 525 Millionen Tiere geschlachtet. (Diese Statistik enthält nur Landwirbeltiere, die geschlachtet wurden, also nicht die erjagten Tiere und keine Fische, die nochmals in die Abermilliarden gehen.) Falls es zur Veranschaulichung irgendwie hilft: In den 30 größten Kriegen der Menschheit sind insgesamt etwa 600 Millionen Menschen umgekommen. Jemals auf der Erde gelebt haben seit der Steinzeit gut 100 Milliarden Menschen. Wir schlachten in anderthalb Jahren so viele Tiere, als je Menschen auf der Welt gelebt haben. Was ist in diesem Zusammenhang also radikal: das Plädoyer für ein Ende des Gemetzels – oder das Gemetzel?

Man sollte sich von solchen Zahlen erschrecken, aber nicht abschrecken lassen. Natürlich kann da das Gefühl aufkommen, man könne als Einzelner nichts tun. Aber das gilt bei fast allem außer beim Zähneputzen oder dem Rechen des eigenen Rasens. Bei sieben Milliarden Menschen fällt ein Einzelner nicht stark ins Gewicht, egal in welchem Zusammenhang. Die Beendigung (oder die Verminderung) des Unrechts an Tieren ist ein moralisches Projekt und ein politisches; es gibt Handlungsspielräume für den Einzelnen, anderes geht nur gemeinsam. Es sind viele Einzelne, die einen Bewusstseinswandel anstoßen, und dieser Bewusstseinswandel erleichtert dann auch wieder ihnen selbst, nach den neuen Grundsätzen zu leben.

Und wir sind heute in einer einmaligen Lage: Die breite Gesellschaft weiß mehr über die Tierhaltung als in früheren Jahrzehnten. Wir wissen auch: Wir brauchen tierische Nahrung nicht (mehr). Unsere menschlichen Vorfahren hatten weder denselben hocheffizienten Ackerbau noch den globalen Handel noch solche Vorratshaltung; sie waren auf

Jagd und Tierhaltung angewiesen. Heute hingegen bescheinigen etliche staatliche Ernährungsinstitute der Welt (zum Beispiel die von Kanada, Australien und den USA), dass die rein pflanzliche (vegane) Ernährung für sämtliche menschliche Lebensphasen geeignet ist. Umgekehrt mahnen die meisten Umweltorganisationen der Welt, dass die Tierhaltung zu den stärksten und negativsten Klimafaktoren gehört; dass Wasser- und Bodenqualität dadurch weltweit bedroht sind. Antibiotikaresistenzen haben ihren Ursprung oft in der Tierhaltung, ebenso wie viele Influenzaviren und Zoonosen. Unmengen von Getreide und Soja landen in den Futtertrögen eingepferchter Tiere statt auf den Tellern hungriger Menschen.

Heute eröffnen sich uns ganz andere Spielräume als früheren Generationen. Die Menschheit braucht keine Tiere mehr zum Verzehr, im Gegenteil: Sie braucht den Ausstieg aus der Tiernutzung. So viele Menschen spenden gerne für WWF oder Tierheime, weil sie wollen, dass es Tieren nicht schlecht geht; gleichzeitig geben sie Hunderte von Euro im Monat für Produkte aus, die doch genau zur Voraussetzung haben, dass Tiere leiden. Viele Menschen, die bei den eingangs erwähnten Bildern den Fernsehkanal wechseln, haben genau dieselben unglückseligen Tiere, bloß tot, im eigenen Kühlschrank! Auf das eigene Gewissen zu hören und Tieren mehr Rechte zuzugestehen, bedeutet, unsere moralische Einsichtsfähigkeit und damit letztlich auch uns selbst ernst zu nehmen. Also worauf warten wir noch?

Die Publizistin und Philosophin Hilal Sezgin, Jahrgang 1970, lebt seit einigen Jahren mit 40 Schafen und Ziegen auf einem Hof in der Lüneburger Heide. Zuletzt erschien ihr Buch »Hilal Sezgins Tierleben. Von Schweinen und anderen Zeitgenossen« im Verlag C. H. Beck.

NICHT FISCH, NICHT FLEISCH

Michi Kern über die Frage nach der Ernährung der Zukunft

»Es kommt nicht nur darauf an, das Richtige zu essen, sondern vor allem auch darauf, das Richtige zu denken«, sagt mein Freund. Er ist enttäuscht. Keine Kalbsbäckchen heute im Berliner Grill Royal. Ich esse dort den großen Kopfsalat, der im Ganzen kommt und einzigartig gut ist, wie ich finde. Toleranz ist gefragt am Tisch – vegane Ernährung wird als radikal eingestuft, doch Fleischessen ist auch nicht ohne.

53,3 Millionen Schweine wurden in Deutschland letztes Jahr geschlachtet, 3,3 Millionen Rinder, 305.000 Kälber, 1,1 Millionen Schafe, 29.100 Ziegen und Pferde. 49.000 Tonnen Lammfleisch wurden hergestellt und 1,1 Millionen Tonnen Geflügelfleisch, 36.000 Kilo Nordseekrabben gefangen. Nirgends steht, wie viele Lämmer und Hühner und Krabben das eigentlich sind. Aber alleine die Marke Wiesenhof produziert 200 Millionen Hähnchen jedes Jahr in Deutschland.

40 Milliarden Nutztiere gibt es angeblich auf der Welt (die Quellen variieren). In den USA allein sterben 10 Milliarden Tiere jährlich. Ohne Fische. 1961 waren es 64 Millionen Tonnen Fleisch weltweit, 2007 haben wir 258 Millionen Tonnen Fleisch gegessen. Die Leistungsbilanz ist steigend, die Zahlen stammen alle aus dem Wirtschaftsteil namhafter Zeitungen.

Zu abstrakt? 500.000 Hühner werden jedes Jahr eigens für das Münchner Oktoberfest gezüchtet und geschlachtet. Für ganze 17 Tage im letzten Jahr. Anlässlich eines anderen Volksfestes sagte ein Pfarrer den unvergänglich schönen Satz: »Unser Gebet möge aufsteigen wie der Duft der Hendl und Haxn« – *Süddeutsche Zeitung* vom 12. August 2008 – oder zum Himmel schreien?! Wir reden noch gar nicht von den Tieren oder von Mitgefühl. Die Folgen der industriellen Tierverwertung für die Menschen vor und nach dem Verzehr sind unabsehbar und unbezahlbar. In einem Essay für die *New York Times* berechnet der Autor Mark Bittmann immense Ausgleichssteuern auf Fleisch, um die schlimmsten Schäden an der menschlichen Gesundheit und der Natur zu reparieren. Die Welternährungskommission schlägt vor, im großen Stil auf Insekten umzusteigen. In Holland und den USA forscht man nach künstlichem Fleisch aus Zellkulturen. Das könnte eine Lösung sein.

In Deutschland hat sich zuerst Thilo Bode, der Gründer von Food Watch, zu Wort gemeldet. Wer sich klimaschonend ernähren wolle, müsse zuallererst weniger Fleisch und Milch konsumieren. Der Chef des Umweltbundesamtes, Andreas Troge, schlägt vor, wie früher nur noch einmal die Woche Fleisch zu essen, um den enormen Ausstoß von Methan und Kohlendioxid bei der Fleischproduktion zu drosseln. Der Klimabericht des Europäischen Parlaments protokolliert im Januar 2009 sehr schlicht: bisherige »Produktions-, Konsum- und Handelsmuster« aufgeben und »weniger Fleisch essen«. Und zuletzt stimmt der UN-Beauftragte Yvo de Boer ein: »Unser Lebensstil muss sich radikal ändern.«

Alle sind sich einig: Fleisch und Fisch sind nicht die Grundlage der Ernährung der Zukunft. Es leben zu viele Menschen auf diesem Planeten, jedes Jahr werden es 75 Millionen mehr. Um 2050 wird sich die Zahl der Menschen laut UN-Prognosen zwischen acht und elf Milliarden einpendeln. Deswegen ganz nüchtern: Will die Spezies Mensch überleben, muss sie sich in der Nahrungskette weiter hinten einreihen. Das heißt, weniger Tiere essen. Es ist keine totale Konsequenz nötig, die Nulllösung ist nicht erreichbar. Aber jedes Produkt weniger, das aus Tieren hergestellt wird, ist ein Fortschritt.

Aktuell werden 60 Prozent der globalen Getreideernte und 20 Prozent des Fischfangs zu Futtermitteln verarbeitet. Die Preise für Reis und Getreide, Grundnahrungsmittel für mehr als die Hälfte der Menschheit haben sich in den letzten zwei Jahren vervielfacht. »Der Reis wird knapp«, »Revolution der Hungrigen« titelt die *Süddeutsche Zeitung*. In tödlicher Konkurrenz zum Anbau von Nahrungsmitteln stehen zuerst die Futtermittel für unser Schlachtvieh und noch lange nicht der Biosprit. Immer mehr Fleisch heißt immer mehr Hunger.

»Sind die Fischstäbchen vom Aussterben bedroht?«, »Sushi aus dem Käfig«, »Fischerei bis zur totalen Erschöpfung« – die Meere sind tot. Hier ist der Kampf verloren.

Es gibt praktisch keinen Kabeljau mehr, keinen Wildlachs und keinen roten Thunfisch. Wir können die Jahre an einer Hand herunterzählen, bis die Fangflotten den kümmerlichen Rest des Lebens im Meer kaputt gemacht haben.

Für nächstes Jahr ist die Kabeljau-Fangquote in der EU so hoch wie der Bestand, sagt Rainer Froese, Meeresbiologe im Kieler Leibniz-Institut. »Wir befürchten in absehbarer Zukunft einen völligen Zusammenbruch der Fischbestände in den wichtigsten Fischfangzonen ohne Chance auf Erholung«, heißt es dazu bei UNEP, dem Umweltprogramm der UNO.

Die Menschheit hat die Natur bereits verwüstet. 1962 schließt Rachel Carson ihr berühmtes Buch »Der stumme Frühling«, mit dem sie für die westliche Welt das Umweltbewusstsein erfunden hat, mit dem Satz: »Die *Herrschaft* über die Natur ist ein Schlagwort, das man in anmaßendem Hochmut geprägt hat. Es kommt aus der *Neandertal*-Zeit der Biologie und Philosophie, als man noch annahm, die Natur sei nur dazu da, dem Menschen zu dienen und ihm das Leben angenehm zu machen.«

Spätestens seit dem Darwin-Jahr diskutieren wir angeregt über Biodiversität, die Vielfalt von Genen, Arten und Lebensräumen, und versuchen der Natur einen Wert in Dollar zuzurechnen. Ein Profit in echtem Geld soll uns am Schluss überzeugen. Immerhin gibt es das »Deutsche Referenzzentrum für Ethik in den Biowissenschaften«, das in seinem Sachstandsbericht die »Eigenständigkeit der menschenunabhängigen Natur« feststellt, die auch um ihrer selbst willen schützenswert sei. Andere legen zur besseren Erinnerung für uns und kommende Generationen eine »Enzyklopädie des Lebens« im Internet an. Für jedes Tier und jede Pflanze eine Webseite unter www.eol.org.

Egal: Wir töten alles, was uns Untertan sein soll. Der Apostel Paulus lehrte, Tiere haben keine Seele. »Auf der einen Seite das Gerede von Liebe und Vergebung, auf der anderen Seite das Gemetzel in den Schlachthöfen«, macht der Philosoph Helmut F. Kaplan den christlichen Ansatz kenntlich. Wir verachten die Tiere.

Jeder weiß, wie Seide hergestellt wird, jeder weiß, dass in Frankreich Steinquetschfallen zur Singvögeljagd eingesetzt werden, jeder weiß, was Kalbfleisch wirklich bedeutet, jeder kennt die ewigen Legebatterien, den Schweinemastskandal in Deutschland, Rinderwahn, Vogelgrippe. All das ist evident, offen zugängliches Wissen aus der Zeitung: »Um das Entstehen des strengen Ebergeruchs zu verhindern, werden in Deutschland mehr als 22 Millionen männliche Ferkel pro Jahr kastriert. Bei dem Prozedere nimmt der Bauer das wenige Tage alte Ferkel auf die Hand, schneidet ihm den Hodensack auf und kastriert das Neugeborene, ohne Betäubung und ohne Schmerzmittel« (*Süddeutsche Zeitung* vom 25. Januar 2009).

Bei der Premiere des »Fliegenden Holländer« am Leipziger Opernhaus im Oktober 2008 gab es nie gesehene Tumulte, und das Publikum verließ das Haus unter Buhrufen und Drohungen. Hinterher gab es Strafanzeigen gegen den Regisseur, der als »Perversling« bezeichnet wurde. Zu sehen waren in der Inszenierung Videos »über das schlachthöfische Töten von Rindern, das mit Dollarnoten überblättert« wird (Brehmbeck, *Süddeutsche Zeitung* vom 15. Oktober 2008). Ein Skandal nicht wegen der gemarterten Tiere, sondern wegen der verhunzten Oper. Später stellt die Staatsanwaltschaft fest, die Darstellung von Gewalt gegen Tiere sei strafrechtlich nicht relevant. Glück für den Regisseur.

»Die meisten Menschen in unserer Gesellschaft haben nur deshalb keinen Ekel und keine Scheu davor, Fleisch zu essen, weil ihnen das Tierleid nicht unmittelbar vor Augen steht. Unsere Spiegelneuronen funken beim Gebrüll eines Kälbchens im Schlachthaus, aber sie bleiben untätig bei einem formverpackten Schnitzel«, führt Richard David Precht in seiner Philosophiegeschichte aus, die 2008 über Wochen die *Spiegel*-Bestsellerliste anführte. Er beendet das Kapitel auffällig gewunden, halb entschlossen: »Wenn man vernünftig darüber nachdenkt, dann wird man wohl sagen müssen, dass die Argumente gegen das Fleischessen wahrscheinlich besser und einleuchtender sind als die Argumente, die dafür sprechen.«

Denken und Essen. Was das Richtige für jeden Einzelnen ist, muss jeder selbst entscheiden. Selbst Verdrängen ist erlaubt. Aber nicht gesund auf Dauer. Und in jedem Fall entscheidet unsere Wahl über Leben und Tod der Tiere.

Es ist beeindruckend, wie wenig wir von all dem Leid wahrnehmen, wie wenig wir von dem, was wir beobachten, wirklich verstehen und wissen wollen. Es kommt jeden Tag in jeder Kochshow im Fernsehen und steht in den Kochbüchern: »Ein Lamm dagegen schmeckt überhaupt nicht tranig, wenn es nur jung genug geschlachtet wird«, sagt Heinz Winkler, Sternekoch aus Aschau. Bill Buford schmeißt seinen Job als Literaturchef beim *New Yorker* hin, um als *Küchensau*, wie er das nennt, zu arbeiten. Er macht mit einem erst lebenden, dann natürlich toten Ferkel auf dem Arm Werbung für sein Kochbuch. Die Augen des Schweines hat der Meister aus Marzipan und zwei Oliven gebastelt. Er hat keine Scheu, den Wahnsinn offen zu zeigen.

Wolfram Siebeck will uns in seiner »Verpönten Küche« Phobien abgewöhnen, deswegen Gulasch vom Fohlen und Hirn mit Rührei. Anthony Bourdain schlägt in seinem Küchen-Bestseller Hammelhoden und Entenembryos vor. Wir zeigen auf Chinesen, die Hunde essen – warum gelingt der Perspektivwechsel nicht daheim?

Dem Münchner Alfons Schuhbeck fällt immerhin auf, dass er noch kein vegetarisches Kochbuch geschrieben hat, dass viele Menschen jahrzehntelang falsch essen und davon krank werden und dass es besser wäre, mehr Geld fürs Salatöl als fürs Motoröl auszugeben.

Ich bin an vier Restaurants beteiligt. Nur eines davon ist vegan. In den drei anderen ist es schwierig, vegetarische Gerichte auf der Karte zu finden. Ich kann meine besten Freunde kaum überzeugen, einmal kein Fleisch zu essen. Eine gewisse Chance bietet das Verhalten von Frauen. Die essen zeit ihres Lebens nur circa die Hälfte der Fleischmenge, die Männer essen.

Die Sorge um Nahrung hat unsere Zivilisation mitbegründet. Und bis heute erklären sich Großstädter im Szenerestaurant mit ehernen Naturgesetzen: fressen und gefressen werden, jeder gegen jeden, das Recht des Stärkeren, »das ist die Natur«. Alle aufgeklärten

Gesellschaften wollen diese Mechanismen mehr und mehr vermeiden. Das nennen wir Kultur. Wir müssen diese Kultur der Gewaltfreiheit – nach Abschaffung der Sklaverei, dem langen Kampf für die Rechte von Frauen, der Öffnung gegenüber anderen Kulturen und Religionen – auch auf Tiere und die Natur ausdehnen, wollen wir überleben. Das ist inzwischen eine Frage der Selbsterhaltung, aber auch eine Frage der Selbstachtung.

Walfang, Robbenjagd, Pelztierfarmen, Tierversuche mit Affen, Zirkustiere, Stierhatz in Pamplona, zu Tode gedopte Rennpferde, Schächten, eine »Delfinbucht« mitten in Nürnberg, das finden wir alle nicht mehr so gut. Dazu war ein langer Erkenntnisprozess nötig. Schauen wir genau auf unsere Teller. Dann könnte der nächste Erkenntnisschritt etwas schneller ablaufen.

Wie soll es denn weitergehen? Einfach weniger Tiere essen und weniger Produkte aus Tieren. Die wilden Tiere sind ausgerottet, und an den Tierfabriken werden wir selbst zugrunde gehen. Bio wird uns auch nicht retten. Wir brauchen noch viel mehr Effizienz beim Anbau von Nahrungsmitteln, soll von der Natur etwas übrig bleiben. Ohne Kunstdünger und ohne Gentechnik lässt sich die Menschheit derzeit nicht ernähren. Allerdings gibt es auch keine Chance, es weiter mit tierischem Eiweiß zu probieren.

Wir brauchen nicht die ganz große Utopie. Es wollen nicht alle Menschen Veganer werden. Totale Konsequenz ist also nicht gefordert. Pragmatismus und Vernunft reichen schon. Rechthaben auf ganzer Linie, diktatorische Prinzipien und Hypermoral interessieren nicht. Pluralismus von vielen Ideen auf vielen Ebenen ist nötig und viel Dynamik, statt immer das ewig Selbe zu tun und zu denken.

Nur so viel Aufmerksamkeit beim Essen, dass wir den Eigenwert der Natur und die angeborene Würde von Tieren erkennen können. Einmal ehrliches Nachdenken über Kalbsbäckchen. Von mir aus viele Kompromisse statt der ganzen Wahrheit für ein bisschen Fortschritt in der Sache.

Michi Kern ist Gastronom und arbeitet als Yogalehrer, lebt in München und betreibt dort unter anderem das Café Reitschule und das Pacha.

GO VEGAN – CELEBRATE LIFE!

Sharon Gannon über die vegane Revolution

Ein Yogi ist per definitionem jemand, der versucht, mit allem Lebendigen in Harmonie zu leben. Yoga zu lehren und zu üben hat mit Hingabe zu tun. Es ist ein Erkenntnisweg, Mitgefühl für alle Lebewesen zu entwickeln. Vielleicht steht am Ende eine Erleuchtung, denn Yoga lehrt uns: Was immer wir im Leben erreichen wollen, erreichen wir dann, wenn wir bereit sind, es auch anderen zu ermöglichen. Wir selbst werden nie frei oder glücklich sein, wenn wir anderen ihre Freiheit und ihr Glück nehmen. Die meisten werden zustimmen, dass Sklaverei oder Arbeitslager beschämend sind. Tatsache aber ist, dass Milliarden lebendige Wesen in Lagern eingesperrt sind: den Tierfabriken.

Die mächtigsten Massenvernichtungswaffen sind heute Messer und Gabel! Nicht nur unser eigenes Wohlbefinden wird von dem bestimmt, was wir essen. Auch das Wohlbefinden aller Tiere und Pflanzen und die Verhältnisse auf der gesamten Erde werden von dem geprägt, was wir Menschen als unsere Nahrung auswählen. Die Frage »Was essen wir heute Abend?« war nie so entscheidend wie heute.

Wir befinden uns mitten in einer weltweiten Krise. Wir leben in einer Zeit, in der die belebte Natur stirbt. Die meisten sind sich dessen nicht bewusst und bemerken auch nicht, dass wir es selbst sind, die diese Krise ausgelöst haben. Das Buch, das Sie in Händen halten, gehört zu den Publikationen, die dazu beitragen wollen, dass die globale Krise überwunden wird, dass dieser Planet vor seiner Zerstörung bewahrt werden kann. Auf persönlicher Ebene dient es jedermanns körperlicher Gesundheit und Wohlbefinden. Es ist lang erwiesen, dass eine vegane Lebensweise Herzkrankheiten, Krebs und Diabetes heilen bzw. vorbeugen kann. Veganer leben im Durchschnitt länger und wiegen weniger als Fleischesser. Täglicher Fleischkonsum belastet den gesamten Organismus und kann bei Männern sogar zu Erektionsstörungen führen!

Einige mögen sagen, es sei ihr gutes Recht, Fleisch und sonstige tierische Produkte zu sich zu nehmen oder zu verbrauchen. Nach dem Motto: Was geht es andere an, was ich mache? Doch wer so argumentiert, übersieht einfach, welche verheerenden Auswirkungen eine solche Ernährungsweise und diese Art von Konsum auf die Umwelt und auf das Leben auf diesem Planeten haben. In der heutigen Welt vegan zu leben heißt, Teil der radikalsten, positivsten politischen Revolution zu sein, die es je gab.

Was ist ein Veganer? Ein Veganer, könnte man sagen, ist ein Vegetarier, der zusätzlich eine bestimmte Ethik verkörpert: jemand, der nur pflanzliche Lebensmittel zu sich nimmt, um einen Gemeinschaftssinn für Tiere und für die Mitmenschen zum Ausdruck zu bringen. Vegetarier verzehren unter Umständen Milchprodukte, Eier oder Fische. Veganer dagegen essen überhaupt keine tierischen Produkte, weil deren Verzehr großen Schaden anrichtet, und beziehen alles, was sie konsumieren, in ihre Lebensweise ein: Nahrungsmittel, Kleidung, Kosmetik, Medizin, Treibstoff, Möbelbezüge, Entertainment. Sie tun alles, um eine Ausbeutung von Tieren zu vermeiden, und sind überzeugt, dass Tiere keine Lebewesen sind, die sklavisch dem Menschen dienen sollen.

Als ich ein Kind war, fragte ich meine Mutter: »Wenn es falsch ist zu töten, ist es dann nicht auch falsch, Tiere zu essen?« Meine Mutter sagte: »Das ist okay, man zieht sie deswegen groß.« Eine andere weitverbreitete Antwort auf diese Frage lautet etwa so: »Ja, es ist falsch, aber es geht gar nicht anders, es ist ein notwendiges Übel.« Die Zeit ist reif, dass wir uns fragen müssen, ob es überhaupt ein Übel gibt, das wirklich notwendig wäre. Das deutsche Wort »Übel« ist die Wurzel des Wortes »evil«. Übel bedeutet ursprünglich »darüber« – über die Grenze dessen gehen, was angemessen wäre. Anders gesagt ist übel das, was maßlos ist.

Kühe, die sich von Natur aus vegetarisch ernähren, würden niemals das Fleisch anderer Tiere fressen. Doch sie werden gezwungen, nicht nur Fisch zu fressen, sondern auch Teile von Schafen, Ziegen, Schweinen, Hühnern ebenso wie von Katzen, Hunden und Tieren, die bei Verkehrsunfällen getötet werden. Das so zusammengetragene Fleisch ist oft ein Bestandteil »angereicherter Nahrung«, die gewöhnlich in der Tierzucht verwendet wird, um die Milchproduktion und/oder das Körpergewicht zu erhöhen.

Laut der Vereinten Nationen verursacht die Tierzucht zur Fleischproduktion mehr Treibhausgase als sämtliche Transportmittel (Automobile, Lastwagen, Schienenverkehr, Flugzeuge, Schiffe usw.) weltweit.

Frisches sauberes Trinkwasser wird zu einem immer knapperen Rohstoff. Jeder sechste Mensch auf der Welt hat heute keinen Zugang zu sauberem Wasser. Der Großteil des Wassers wird für die Aufzucht von Tieren zur Fleischproduktion verwendet. Rund 9.400 Liter Wasser werden benötigt, um ein halbes Kilo Fleisch zu erzeugen; nur rund 90 Liter dagegen, um ein halbes Kilo Weizen zu bekommen. Bei veganer Lebensweise werden täglich rund 1.100 Liter Wasser verbraucht; wenn man Fleisch isst, sind es über 15.000 Liter. Tierzucht zur Fleischproduktion ist mehr für die Wasserverschmutzung verantwortlich als jede andere Industrie. Die Abfälle der Farmen enthalten hochgradig giftige Bestandteile, die von Pestiziden, Antibiotika, Hormonen und anderen pharmazeutischen Stoffen stammen; sie werden in Flüsse und ins Meer geleitet und gelangen in unser Grundwasser.

Die großen Umbrüche in der Geschichte wurden niemals von Regierungen oder Unternehmen eingeleitet, sondern von kleinen Gruppen engagierter Individuen, die im Bewusstsein eines größeren Ganzen gehandelt haben. Wir tragen zum Erwachen eines neuen Selbstbewusstseins in uns bei, indem wir nicht mehr andere für die Übel der Welt verantwortlich machen, sondern unser eigenes Leben betrachten und uns dabei fragen: »Was tue ich selbst für eine friedlichere und weniger verschmutzte Welt?« Indem wir uns selbst heilen, heilen wir die Welt. Denn die Welt um uns herum ist immer nur eine Spiegelung von dem, was wir selbst sind.

Ein Veganer oder eine Veganerin zu werden ist die beste und schnellste Möglichkeit, die uns momentan zur Verfügung steht, um etwas zu einer besseren Welt beizutragen. Habe den Mut, aus der Diktatur einer autoritären globalen Kultur auszubrechen, die auf grausamer Ausbeutung von Tieren und des Planeten gründet. Beginne stattdessen deine

Achtung vor dem Leben und vor dir selbst freudig zu zelebrieren, indem deine Ernährungsweise in Freundlichkeit gründet.

Die köstlichen Rezepte in diesem Buch werden dir nicht nur helfen, wohlschmeckende Mahlzeiten zuzubereiten, sondern auch, einen radikalen Schritt hin zu einem friedlichen Miteinander aller Lebewesen zu machen.

Sharon Gannon, eine der prominentesten Yogalehrerinnen, lebt in New York und ist Mitbegründerin des Jivamukti-Yoga sowie Autorin des Buchs »Yoga and Vegetarianism. The Diet of Enlightenment«.

DIE WICHTIGSTEN BEGRIFFE VON A – Z

A

ABBINDEN

Andicken einer Flüssigkeit: Durch Hinzufügen von Mehl, Stärke oder einem anderen Bindemittel (Grieß, Sago, Haferflocken) lassen sich Soßen, Fonds, Fruchtsäfte oder Milch sämig machen.

ABLÖSCHEN

Eine Mehlschwitze oder ein Soßenfond wird abgelöscht, indem man eine Flüssigkeit aufgießt und alles glatt rührt.

ABSCHRECKEN

Manche gekochten oder → blanchierten Nahrungsmittel sollten nach dem Kochen mit kaltem Wasser übergossen werden. Pfirsiche, Tomaten oder Mandeln lassen sich besser schälen, Gemüse behält seine grüne Farbe.

ACETO BALSAMICO

Aceto balsamico (auch: Balsamessig) ist ein Essig aus dem Most der Trebbiano-Trauben, die aus den italienischen Regionen Modena und Emilia-Romagna stammen. Typisch sind die dunkelbraune bis schwarze Farbe und der süßsäuerliche Geschmack des über Monate in Holzfässern gereiften Essigs. Ein guter Aceto balsamico reift mindestens zwölf Jahre, danach darf er die Bezeichnung *balsamico tradizionale* tragen.

AGAR-AGAR

Ein pflanzliches Geliermittel, das vorwiegend aus den Zellwänden bestimmter Algenarten gewonnen wird und sowohl geschmacksneutral als auch unverdaulich ist. Schon bei einer Konzentration von nur einem Prozent lässt Agar-Agar, aufgelöst in heißem Wasser, Flüssigkeiten gelieren. Ein Teelöffel entspricht damit der Menge von acht Blatt Gelatine. In der Lebensmitteltechnik wird Agar- Agar häufig als Verdickungsmittel eingesetzt, im Haushalt kann es als veganer Ersatz für Gelatine dienen.

AGAVENDICKSAFT

Ein natürliches Süßungsmittel, das aus der Agave gewonnen wird. Zur Saftgewinnung zerkleinert man das »Herz« der Pflanze – den Teil, wo die Blätter zusammenlaufen –, presst das so gewonnene Mus aus und dickt den Saft ein. Agavendicksaft ist sirupartig, schmeckt mild süß und ist in kalten und warmen Flüssigkeiten gut löslich. Die Kohlenhydrate des Agavendicksafts bestehen fast ausschließlich aus Fructose. Mit Fructose gesüßte Speisen und auch der übermäßige Genuss von Agavendicksaft können Unverträglichkeiten hervorrufen.

ANSCHWITZEN

Lebensmittel in heißem Fett unter Rühren erhitzen.

B

BELUGALINSEN

Kleine, schwarz glänzende Linsen; im Aussehen ähneln sie dem Kaviar – daher der Name.

BLANCHIEREN

Überbrühen von Lebensmitteln mit siedendem Wasser. Das Eintauchen oder Übergießen z. B. von Gemüse mit kochendem Wasser noch vor der eigentlichen Zubereitung beseitigt Verunreinigungen und erhält dabei wertvolle Inhaltsstoffe.

BOCKSHORNKLEESAMEN

Bockshornklee ist eine Gewürzpflanze aus Indien. Sie ist eine Grundzutat der → Curry-Mischungen. Die Samen schmecken intensiv und leicht bitter, sie werden gern in Eintöpfen und Gemüsegerichten verwendet.

C

CAROBPULVER

Aus den länglichen, braunen Früchten (Caroben) des Johannisbrotbaumes hergestelltes Pulver. Die Früchte werden verlesen und die Kerne entfernt. Das Fruchtfleisch (bei qualitativ hochwertigem Carobpulver nur aus den Mittelstücken der Schoten, da die Enden häufig bitter schmecken) wird grob zerkleinert, schonend geröstet und staubfein zu Carobpulver verarbeitet, dass häufig als Ersatz für Kakao oder Kaffee verwendet wird, obwohl es einen sehr eigenständigen Geschmack hat. Die Samen des Johannisbrotbaumes werden zu → Johannisbrotkernmehl verarbeitet.

CHILIPULVER

Gewürzmischung aus getrockneten, gemahlenen scharfen Paprikaschoten sowie Oregano, Cayennepfeffer, Kreuzkümmel, Knoblauchpulver, Nelken, Piment und manchmal auch Zwiebelpulver oder Zimt. Nicht zu verwechseln mit fein gemahlenen Chilischoten, die im deutschsprachigen Raum als Cayennepfeffer gehandelt werden.

CHUTNEY

Musartige Tafelsoße der indischen Küche, gekocht aus Früchten und Gemüsen. Es gibt sie in vielen Variationen von süßsauer bis scharf-pikant.

CURRY

Als Curry bezeichnet man ursprünglich in der tamilischen Küche eine Art Eintopf. Das im Deutschen unter Curry verstandene Gewürz ist eine Mischung vieler verschiedener indischer Gewürze. Das Streugewürz Curry wird ausschließlich für den Export hergestellt. In der Küche Indiens bezeichnet man Gewürzmischungen als *Masalas*.

CURRYPASTE

In Thailand werden frische Kräuter und Gewürze in einem Mörser zu Currypasten verarbeitet, die dann Grundlage für die schmackhaften Thai-Currys sind. Die wohl am häufigsten verwendete Currypaste ist die rote Currypaste. Die grüne Variante ist dafür die schärfste.

D

DÄMPFEN

Lebensmittel in Wasserdampf garen.

DULSE

Dulse (Palmaria palmata) ist eine Rotalge, die sich durch ihre zarte Konsistenz und einen spezifischen Geschmack auszeichnet. Dulse wird häufig in Salaten, Rohkosttellern, Soßen und Suppen verwendet und wird als Algenflocken oder als ganze Alge angeboten.

F

FALAFEL

Frittierte Bällchen aus pürierten Bohnen oder Kichererbsen, Kräutern und Gewürzen, die vor allem als Imbiss beliebt sind.

FREEGANISMUS

→ Veganismus

FRUGANISMUS

→ Veganismus

FRUITARISMUS

→ Veganismus

G

GALGANT

Die Rhizome des Echten Galgant werden als Speisegewürz verwendet, das bitter-aromatisch schmeckt.

GEMÜSEBRÜHE

Wasser, das durch die darin gegarten Lebensmittel mit Aromen, Mineralstoffen und Fetten angereichert wird. Brühen dienen als Basis für Suppen, Soßen und als Kochflüssigkeiten für Gemüse, Fleisch oder Fisch.

GRÜNKERN

Das halb reif geerntete und unmittelbar darauf geröstete Korn des Dinkels. Ursprünglich als Reaktion auf Schlechtwetterperioden im Herbst vor der Reife geerntet, da die getrockneten Kerne, mit Wasser gekocht, wohlschmeckend waren, entwickelte sich die Tradition, einen Teil des Dinkels als grünes Korn zu ernten.

H

HEFEFLOCKEN

Entstehen, wenn flüssige Hefe, die sogenannte Hefemilch, auf Walzen gesprüht, schonend wärmegetrocknet und dann von der Walze abgeschabt wird. Durch den Trocknungsprozess wird die Hefe frei von aktiven Hefen, die wesentlichen biologischen Inhaltsstoffe bleiben jedoch erhalten. Beim Kochen verlieren sie allerdings viel von ihrem Nährwert. Hefeflocken haben viele B-Vitamine und Minerale. Man kann sie auch aufs Butterbrot streuen.

HUMMUS

Eine orientalische Spezialität aus pürierten Kichererbsen, Sesampaste (→ Tahin), Olivenöl, Zitronensaft, Salz und Gewürzen wie Knoblauch, Petersilie, (Chili) und Kreuzkümmel.

J

JALAPEÑO

Eine kleine bis mittelgroße Paprika, benannt nach der mexikanischen Stadt Jalapa. Durch die deutlich abgerundete Spitze leicht von anderen Paprikasorten zu unterscheiden. Die unreifen Früchte sind meist grün, es gibt jedoch auch dunkelviolette bis schwarze Zuchtformen. Zur Reife färben sich alle Jalapeños kräftig rot. Ihre Schärfe: »noch erträglich«.

JOHANNISBROTKERNMEHL

Mehl aus den Samen des Johannisbrotbaums, der vor allem in Mittelmeerregionen und im vorderasiatischen Raum beheimatet ist (auch: Carubin, Karuben- oder Carubenmehl). Wird als natürliches Verdickungsmittel für Lebensmittel verwendet. Das Mehl wirkt erwiesenermaßen reduzierend sowohl auf den Blutzucker als auch auf Cholesterin und Gewicht.

K

KAKAONIBS

Der nach dem Röstvorgang zurückgebliebene Kakaokernbruch. Kakaobohnen werden gereinigt und unter glühenden Rosten getrocknet. Danach werden sie aufgebrochen und die Schalen werden entfernt. Die übrig bleibenden Kerne sind die Kakaonibs, die dann meist erneut geröstet werden, um zu Kakaomasse vermahlen zu werden.

KAPUZINERBART

Eine leicht salzige Salatpflanze, die viel Vitamin A und B enthält. Die Blätter schmecken leicht bitter und sind besonders lecker im Salat. Wenn man die langen grünen Triebe → blanchiert, entsteht eine vitaminreiche Gemüsebeilage.

KAFFIRLIMETTENBLÄTTER

Die Kaffirlimette stammt aus dem tropischen Asien. In der Küche verwendet man zumeist die frischen Blätter. Man kann sie in Soßen oder suppenartigen Speisen mitkochen lassen, wobei sie ein pikant-zitronenartiges Aroma abgeben; sie sind jedoch zu zäh, um mitgegessen zu werden.

KARAMELLISIEREN

Zucker in einem Topf unter Hitze schmelzen, bis er eine braune Farbe annimmt.

KURKUMA

Eine aus Südasien stammende Pflanze aus der Familie der Ingwergewächse. Ihr Wurzelgeflecht hat intensiv gelbes Fleisch, das frisch und getrocknet als Gewürz und Farbstoff verwendet wird.

M

MANDELMILCH

Aus Mandeln und Wasser hergestelltes pflanzliches Getränk.

MARINIEREN

Einlegen von Gemüse, aber auch von rohem Fleisch oder Fisch, in eine würzende, oft saure Flüssigkeit, die man Marinade nennt. Das Einlegen bewirkt, dass Gewürze und Säure in die Speise eindringen und das Gemüse so aromatisieren und zarter machen. Ursprünglich auch eine Methode, um Lebensmittel haltbarer zu machen.

MISOSUPPENPASTE

Eine japanische Paste, die hauptsächlich aus → Sojabohnen mit veränderlichen Anteilen von Reis, Gerste oder anderem Getreide besteht. Zur Herstellung wird eine Mischung aus gedämpften → Sojabohnen, je nach Sorte mit gedämpftem Reis oder gedämpfter Gerste, in Fässern vergoren.

MUNGOSPROSSEN

Die Mung- oder Mungobohne ist eine Nutzpflanze. Ihre Körner werden zur Erzeugung von Mungosprossen verwendet. Hieraus werden Salate oder zusammen mit den jungen Blättern Gemüse bereitet. Mungosprossen werden oft irrtümlich als »Sojakeime« bezeichnet, da eine leichte Ähnlichkeit besteht.

P

PASSIEREN

Speisen durch ein feines Sieb streichen.

PASTINAKEN

Wurzeln mit süßlich-würzigem, teilweise auch herbem Geschmack, ähnlich dem der Petersilienwurzel, nur milder. Pastinaken lassen sich backen oder kochen und zu Cremesuppen und Pürees verarbeiten. Gerieben können sie wie Sellerie als Salat zubereitet werden. Zu dunkel angebraten, bekommen sie einen bitteren Geschmack.

PÜRIEREN

Weiche oder gare Speisen mithilfe eines Mixers oder Pürierstabs zu einem Mus verarbeiten.

R

RÄUCHERTOFU

→ Tofu

REDUZIEREN

Flüssigkeiten (z. B. Suppen, Brühen, Fonds) im offenen Topf auf die gewünschte Menge einkochen.

REISESSIG

Aus fermentiertem Klebreis gewonnen. Eine unverzichtbare Zutat für Süßsauer-Gerichte. Man unterscheidet weißen und roten Reisessig. Der rote ist aromatisch und leicht süßlich, der weiße klar und stärker im Geschmack.

REISMILCH

Aus Vollkornreis hergestellt, der dazu zunächst gemahlen, mit reichlich Wasser gekocht und dann vermaischt wird, sodass eine Masse von cremiger Konsistenz entsteht, die danach fermentiert und gefiltert wird.

REISPAPIER

Das allgemein als Reispapier bezeichnete Material beschreibt eine Gruppe von Papierarten, die aus Fasern unterschiedlicher Pflanzen gewonnen werden: aus Reispapierbaum-Arten, Bambus, Hanf oder aus Maulbeerbäumen. Verschiedene Sorten Reispapier sind essbar und werden etwa für Frühlingsrollen oder Teigtaschen benutzt. Dabei wird das Papier vor der weiteren Verarbeitung in lauwarmem Wasser eingeweicht.

REGAN, TOM

Der amerikanische Philosoph und Tierrechtler Tom Regan, geboren am 28. November 1938 in Pittsburgh, war bis 2001 Professor für Philosophie an der North Carolina State University. Seine Philosophie basiert auf der These, dass auch nicht-menschliche Lebewesen moralische Rechte besitzen. Daher fordert Regan, die Zucht von Tieren zur Nahrungsmittelproduktion, alle Tierversuche und die Jagd abzuschaffen.

ROHROHRZUCKER

Rohrzucker ist die Warenbezeichnung für Saccharose, die aus Zuckerrohr gewonnen wird. Chemisch besteht jedoch kein Unterschied zu reinem Rübenzucker. Für die Herstellung von Rohrohrzucker werden beim Erhitzen und Eindampfen des Zuckersaftes Zuckerkristalle zugesetzt, sodass die Kristallisation des Zuckers beginnt. Danach wird einmal mit Wasser raffiniert.

S

SAGO

Ein geschmacksneutrales Verdickungsmittel aus granulierter Stärke. Wird zum Andicken von Suppen und zum Herstellen süßer Fruchtgrützen und Puddings benutzt.

SCHMOREN

Eine Kombination aus Braten, Kochen und Dünsten. Nach dem kurzen und scharfen Anbraten wird die Speise mit Flüssigkeit abgelöscht und anschließend bei geschlossenem Topf und mäßiger Temperatur fertig gegart.

SEITAN

Als Fleischersatz von buddhistischen Mönchen erfunden. Hergestellt aus Weizeneiweiß durch Zugabe von Wasser, erhält Seitan seinen typisch fleischartigen Geschmack durch kurzes Kochen in einer Gewürzmarinade aus Sojasoße und Algen.

SENFSAMEN

Die weißen, schwarzen und braunen Samenkörner der Senfpflanze werden entweder ungemahlen verwendet (Senfsamen bzw. Senfkörner), zu Senfpulver (gemahlene Samen) oder zu einer Würzpaste (Tafelsenf oder Mostrich) verarbeitet. Ganze Senfsamen des weißen und des schwarzen Senfs werden zum Kochen, Braten und → Marinieren verwendet. Die mild-nussig schmeckenden Samen entfalten dabei erst während des Garens bzw. Einlegens ihr scharfes Aroma.

SESAM

Die Samen der Sesampflanze sind schwarz, braun oder weiß. Der schwarze Sesam ist reich an Nährstoffen: Wertvolle Aminosäuren, Kalzium, Magnesium, Zink, Eisen, Selen, Vitamin-A- und -B-Komplex sowie Lecithin sind nur einige seiner Inhaltsstoffe.

SESAMPASTE

→ Tahin

SINGER, PETER ALBERT DAVID

Peter Singer, (geb. 6. Juni 1946 in Melbourne) ist Philosoph und Tierethiker. Er studierte in Oxford und lehrte in New York, Melbourne und Princeton. 1975 veröffentlichte Singer sein Werk »Animal Liberation«, das zu einem Grundstein für die internationale Auseinandersetzung über den moralischen Status der Tiere und ein Anstoß für die Tierrechtsbewegung wurde. Er gilt gemeinsam mit → Tom Regan als Begründer der modernen Tierethik. Diese vertritt grundsätzlich die These, dass Mensch und Tier die gleichen Rechte besitzen und somit allen der gleiche Respekt entgegengebracht werden muss. Daraus ergibt sich, dass in der modernen Gesellschaft → Vegetarismus die moralisch einzige vertretbare Lebensform ist.

SOJABOHNE

Eine Ölpflanze. Zur direkten menschlichen Ernährung dienen die frischen, grünen Hülsen oder verschiedene Eiweißprodukte, deren bekannteste→ Tofu und → Sojasoße sind. Wegen der vielfältigen Verwendungsmöglichkeiten auch in der modernen Lebensmitteltechnologie wird Soja oft als »die Wunderbohne« bezeichnet. Soja gehört zweifellos zu den gesündesten und vielseitigsten Nahrungsmitteln überhaupt. Ihr Hauptwert liegt in ihrem hohen Gehalt an Eiweiß und Öl. Allerdings müssen die reifen Bohnensamen vor dem Verzehr erhitzt werden. Dadurch wird auch der Geschmack verbessert und die Verdaulichkeit erhöht.

SOJAMILCH

Ein durch Einweichen und Pürieren der getrockneten gelben Sojabohne hergestelltes pflanzliches Getränk, das als Ersatz für Kuhmilch verwendet werden kann. Der Nährstoffgehalt ist dem der Milch sehr ähnlich; zusätzlich sind der Sojamilch, die heute kommerziell erhältlich ist, meist Vitamine wie Vitamin B12 hinzugefügt, die in der Sojabohne nicht natürlich enthalten sind. Von Natur aus hat sie denselben Proteingehalt wie Kuhmilch, allerdings handelt es sich dabei um das Sojaeiweiß, das eine ebenso hohe Bioverfügbarkeit wie tierisches Eiweiß hat, da es alle acht essenziellen Aminosäuren in günstiger Zusammensetzung enthält. Sojamilch ist außerdem reich an ungesättigten Fettsäuren. In Deutschland darf Sojamilch – anders als in den USA – nur als *Sojadrink* verkauft werden.

SOJAHACK

Geformte Sojaprodukte dienen dank ihrer fleischartigen Struktur direkt als Fleischersatz. Sojahack ist ein feines Granulat, das ähnlich wie Hackfleisch verwendet werden kann.

SOJAJOGHURT

→ Yofu

SOJASAHNE

Rein pflanzliche Alternative zu Schlagsahne, lässt sich hervorragend aufschlagen. Gut gekühlt und aufgeschlagen erinnert diese »Sahne« in Geschmack, Konsistenz und Geruch tatsächlich stark an echte Schlagsahne und lässt sich auf exakt die gleiche Weise einsetzen.

SOJASOSSE

Eine asiatische Gewürzsoße, die aus Sojabohnen, Gewürzen, Wasser und Salz hergestellt wird. Sie eignet sich zum Würzen und Verfeinern von Gerichten. Man unterscheidet zwischen dunklen und hellen Sojasoßen, die durch verschiedene Herstellungsverfahren ihren sehr unterschiedlichen Geschmack erhalten. Mithilfe von Mikroorganismen werden die ganzen oder gemahlenen Sojabohnen über Monate fermentiert, bis sie ihre typische Konsistenz herausgebildet haben. Geschmacklich reichen die dünn bis zäh-dickflüssigen Soßen von essigähnlich bis würzig-süß.

SUPPENGRÜN

Eine Zusammenstellung aus verschiedenen Wurzelgemüsen wie Möhre, Steckrübe, Knollensellerie, Petersilienwurzel sowie Lauch und meist Petersilie oder Selleriekraut. Es wird vor allem zur Aromatisierung von Brühen mitgekocht oder wird Schmorgerichten zugegeben. Suppengrün wird bündelweise vorbereitet im Handel angeboten.

SÜSSKARTOFFEL

Eine entfernte Verwandte der Kartoffel, sie kann ähnlich gekocht, gebacken, frittiert, überbacken oder gebraten und mit der Schale im Ofen gegart werden. Rotfleischige Sorten sind hinsichtlich der Kocheigenschaften und ihres Aromas die besten.

SZECHUANPFEFFER

Pflanzenart, von der ein scharf schmeckendes Gewürz (nicht mit dem schwarzen Pfeffer verwandt) aus den getrockneten und von den Samen befreiten Samenkapseln gewonnen wird. Charakteristisch ist der scharf-prickelnde Geschmack, der ein Gefühl von Taubheit auf Lippen und Zunge bewirkt.

T

TACOSCHALEN

Taco ist ein mexikanisches Gericht und besteht aus einer Tortilla, die nach Belieben mit fast allem (Fleisch, Fisch, Geflügel, Bohnen, Gemüse, Eier, Käse) gefüllt werden kann. Dabei weicht die nordamerikanische Variante von der mexikanischen in einem wichtigen Punkt ab: Mexikanische Tacos werden mit weichen Tortillas zubereitet, während für US-Tacos die harten, bereits geformten Tortillas, die *taco shells*, verwendet werden.

TAHIN, TAHINI ODER TAHINA

Eine Paste aus fein gemahlenen Sesamkörnern. Sie stammt aus der arabischen Küche und ist eine Grundzutat des → Hummus. Wird auch gern als Beilage oder als Dipp, vermischt mit Zitronensaft und Knoblauch, gereicht. Tahina ist sehr vitaminreich (vor allem B1, B2 und B6) und enthält sehr viel Kalzium.

TOFU

Wird aus einem weißen Sojabohnen-Teig hergestellt, der bei der Koagulation von Sojamilch entsteht. Dieser *Quark* wird anschließend zu Blöcken gepresst. Je nach Herstellungsart und Konsistenz unterscheidet man verschiedene Arten von Tofu, u. a. auch den Räuchertofu, den ein feiner Rauchgeschmack prägt.

V

VEGAN

Begriff, der 1944 von → Donald Watson aus dem Anfang und dem Ende des Wortes *vegetarian* gebildet wurde – als symbolische und radikale Abspaltung zur vegetarischen Lebensform. Er bezeichnet die Vermeidung jeglicher Produkte tierischen Ursprungs.

VEGANISMUS

Bezeichnung für eine Ernährungs- und Lebensweise, die jeglichen Konsum von Produkten tierischen Ursprungs strikt ablehnt und eine besonders radikale → vegetarische Ernährungsweise bevorzugt. Gemieden werden Fleisch, Milchprodukte, Eier, Gelatine und andere tierische Lebensmittel wie Honig. Meist hat die Wahl einer veganen Lebensform einen ethisch bedingten Ursprung, sodass Veganer auch bei Kleidung (Vermeidung von Woll- und Lederkleidung) und Alltagsgegenständen auf tier- und tierversuchsfreie Produkte

(z. B. Waschmittel, Putzmittel, Shampoo, Farben) achten. Die 1944 gegründete → Vegan Society etablierte die Lebensweise in Abgrenzung zum Vegetarismus, der als inkonsequent betrachtet wurde. So verlangt die Vegan-Gemeinschaft, möglichst Tiere in keiner Weise auszubeuten, ihnen kein Leid zuzufügen und Alternativen zu fördern, die auf tierische Produkte verzichten, und so den Tieren, dem Menschen und der gesamten Umwelt zu dienen. Der Veganismus spricht Tieren in Berufung auf die Tierrechtler → Peter Singer und → Tom Regan ein Recht auf Leben und die Wahrung ihrer artspezifischen Bedürfnisse zu. Im Veganismus kann man verschiedene Gruppen von Ernährungsweisen unterscheiden, die auf bestimmte Aspekte der veganen Lebensform ihren Fokus legen. Vegane Rohköstler beschränken ihre Nahrung ausschließlich auf ungekochte und rohe pflanzliche Nahrungsmittel. Der Fruganismus (auch: Fruitarismus) unterscheidet sich von der *klassischen* Vegan-Kost dadurch, dass ausschließlich Früchte verzehrt werden, die keine Zerstörung der Pflanze zur Folge haben (z. B. Samen, reife Früchte). Die biovegane Ernährungsweise achtet strikt auf die Verwendung von Lebensmitteln, die unter ökologisch-biologischen Gesichtspunkten produziert werden. Als radikalste Form des Veganismus kann der Freeganismus betrachtet werden, dem eine grundsätzliche Ablehnung des Kapitalismus zugrunde liegt. Freeganer versuchen sich der Volkswirtschaft weitgehend durch Eigenversorgung oder der Versorgung durch Abfallprodukte zu entziehen.

VEGAN SOCIETY

Am 1. November 1944 von → Donald Watson gegründete Gesellschaft. Watsons Ziel war es, zur als inkonsequent angesehenen Lebensweise vegetarisch lebender Menschen eine radikale Abgrenzung zu schaffen und mit der Bezeichnung → vegan ein neues Wort für die strikte Ablehnung tierischer Produkte zu etablieren. Am Gründungstag der Gemeinschaft wird alljährlich der Weltvegantag international gefeiert.

VEGETARIAN SOCIETY

1847 gegründete englische Gemeinschaft, die erstmals den Begriff *vegetarian* und eine vegetarische Lebensform etablierte. Die bis dahin allgemein gültige Bezeichnung *vegetable system* of diet (pflanzliche Diät) ersetzte die Vegetarian Society durch *vegetarianism* (Vegetarianismus, später im Deutschen abgekürzt zu → Vegetarismus).

VEGETARISCH

Ernährung auf der Basis pflanzlicher Lebensmittel.

VEGETARISMUS

Eine Ernährungsform, die sich in verschiedene Unterarten gliedert. Aufgrund der Zusammensetzung von Nahrungsmittelgruppen können vier Lager innerhalb des Vegetarismus unterschieden werden: Die streng vegetarische Kost beinhaltet ausschließlich Lebensmittel auf pflanzlicher Basis und meidet damit jegliche Produkte tierischer Herkunft. Die lakto-vegetarische Ernährung erlaubt neben pflanzlichen Lebensmitteln Milch und Milchprodukte, die ovo-vegetarische hingegen Eier. Vielfach werden sowohl Milch, Milchprodukte als auch Eier zu pflanzlicher Nahrung ergänzt, in diesem Fall spricht man von Lakto-Ovo-Vegetarismus. Abgegrenzt von diesen vier Gruppen werden Menschen, die einer vegetarischen Ernährungsform Fischprodukte hinzufügen, als Pescetarier bezeichnet. Streng genommen kann der Pescetarismus jedoch nicht als vegetarische Ernährungsform gelten. Gründe für eine vegetarische Lebensform sind je nach Kulturkreis und Person unterschiedlich, lassen sich jedoch grundsätzlich in ethische, tierrechtliche, ökologische und egoistische Motive unterteilen. Zudem beinhalten bestimmte religiöse Richtungen, wie der Jainismus und zum Hinduismus zählende Gruppen, Ernährungsregeln, die einen Verzicht auf tierische Produkte vorschreiben.

W

WASSERBAD

Für das Warmhalten oder Aufschlagen von Cremes, Suppen und Soßen oder zum Schmelzen von Schokolade wird ein Topf zu einem Drittel mit Wasser gefüllt, das erhitzt, aber nicht zum Kochen gebracht wird. Die Speisen werden in einem zweiten Gefäß mit abgerundetem Boden darübergesetzt.

WATSON, DONALD

Der Engländer gründete 1944 die → Vegan Society als Abspaltung zur → Vegetarian Society. Watson und seine Anhänger störte, dass der Begriff des → Vegetarismus zunehmend aufgeweicht wurde und auch eine Ernährungsform, in der Ei und Milch (Lakto-Ovo-Vegetarismus) akzeptiert wurde, einschloss. Als konsequente und radikale Form des Vegetarismus erfand Watson die Bezeichnung → vegan.

WELTVEGANTAG

→ Vegan Society

WURZELGEMÜSE

→ Suppengrün

Y

YOFU

Fermentiertes Produkt aus Sojamilch, das in der Konsistenz Milchjoghurt gleicht.

Z

ZESTE

Mit dem Zestenschneider fein abgeschälte Zitronen- oder Orangenschale.

REZEPTREGISTER

NÜTZLICHE ADRESSEN

RESTAURANTS

Blossom, New York → www.blossomnyc.com
Cookies Cream, Berlin (vegetarisch& vegan) → www.cookiescream.com
Craftista, Köln → www.craftista.org
Kismet, München → www.kismet.cc
Lost weekend, München → www.lostweekend.de
Millennium, San Francisco → www.millenniumrestaurant.com
Pure Food and Wine, New York → www.purefoodandwine.com
Sehnsuchtsküche, Mühlacker-Dürrmenz → www.sehnsuchtskueche.de

HÄNDLER

A.V.E. → www.absolute-vegan-empire.com
Booja Booja Schokolade → www.boojabooja.com
Radix Versand → www.vegan-einkaufen.de
Vins et Co, Annick Denny → www.vinsetco.de
Frau Denny ist spezialisiert auf vegane Weine und Champagner, da konventionelle Weine oft mit Eiweiß geklärt werden.

FILME

Meet Your Meat → www.meetyourmeat.com
Unser täglich Brot → www.unsertaeglichbrot.at

KLEIDUNG

American Apparel → www.americanapparel.net
Dear Goods → www.deargoods.com
iki M. → www.iki-m.de
Risom Clothing → www.risom.de
Stella McCartney → www.stellamccartney.com
Veja → www.veja-fairtrade.com

KOSMETIK

Aveda → www.aveda.com
Kontrollierte Naturkosmetik → www.kontrollierte-naturkosmetik.de
Origins → www.origins.com
Raw Gaia → www.rawgaia.com

BÜCHER

Artgerecht ist nur die Freiheit, Hilal Sezgin, C. H. Beck
Food Revolution, John Robbins, Hans-Nietsch-Verlag
Simple recipes for joy – more than 200 delicious vegan recipes, Penguin group, Randomhouse
Tiere essen, Jonathan Safran Foer, Fischer Taschenbuch
Vegan. Über Ethik in der Ernährung, Kath Clements, Echo-Verlag
Yoga und Vegetarismus, Sharon Gannon, Theseus

MAGAZINE

Style Will Save Us! eDigital Magazine For A Peachy Green Lifestyle → www.stylewillsaveus.com
The Ecologist → www.theecologist co.uk
VegNews → www.vegnews.com
Yoga Journal → yogajournal.de

IMPRESSUM

Projektleitung: Nikola Hirmer
Redaktion: Annette Hartwig, München
Satz: Birgit Bödeker, Dortmund
Layout: Claudia Hautkappe, München
Korrektorat: Susanne Schneider, München
Bildredaktion: Sabine Kestler
Umschlaggestaltung und Konzeption:
Geviert – Büro für Kommunikationsdesign München
Bildnachweis: Alle Fotos und Illustrationen
in diesem Buch stammen von Martin Fengel

Druck & Bindung: Těšínská Tiskárna, Cesky Tesin
Printed in the Czech Republic

FSC www.fsc.org MIX Papier aus verantwortungsvollen Quellen FSC® C005833

Verlagsgruppe Random House
FSC®N001967

Das für dieses Buch verwendete FSC®-zertifizierte Papier *Amber Graphic* liefert Arctic Paper, Kostrzyn, Polen.

ISBN 978-3-424-15276-0

1. Auflage 2015